FAMILIENKÜCHE

die 144 besten Rezepte,
für die Ihre Kinder Sie lieben werden

Schnelle Familienküche

Hier ein paar Tricks fürs Küchenmanagement – denn bei guter Organisation können Sie viel Zeit, Energie und Geld sparen…

VORBEREITUNG IST ALLES Wer große Kartoffeln oder Möhren kauft, braucht fürs Schälen weniger Zeit als bei kleinen. Großblättrige Salatsorten wie Eissalat oder Romana sind im Nu zerpflückt und gewaschen. Gemüse wird schneller gar, wenn es gleichmäßig klein geschnitten ist. Viele Zutaten lassen sich gut für den Vorrat vorbereiten. Also gleich ran und später davon profitieren: Mehr Kräuter hacken, mehr Hartkäse reiben und mehr vollreife Tomaten häuten und klein würfeln, als im Rezept steht. Den nicht benötigten Teil jeweils in Plastikdöschen füllen, gut verschließen und einfrieren.

DAS RICHTIGE WERKZEUG Wertvolle Hilfe ist ein Gemüsehobel mit verschiedenen Einsätzen, z. B. für dünne Scheiben von Gemüse, das man roh braten will. Oder ein Einsatz für Stifte oder Würfel – ebenfalls fürs Garen im rohen Zustand. Und natürlich darf ein Einsatz zum Raspeln nicht fehlen. Nur mit scharfen Messern können Sie richtig flott arbeiten – stumpfe Klingen deswegen immer mal wieder schleifen. Auch ein elektrischer Blitzhacker zum Zerkleinern von fast allem ist ein nützlicher Helfer – es darf nur nicht zu viel auf einmal sein. Für größere Mengen eignet sich eine Küchenmaschine oder ein Pürierstab für Flüssiges.

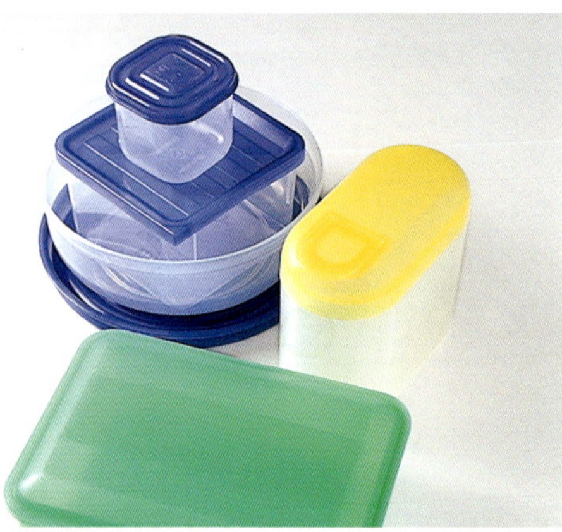

GLEICH AN MORGEN DENKEN Ob man 1 oder 2 Reisbeutel in den Topf legt, 400 g oder 1 kg Kartoffeln samt Schale gart, spielt zeitlich keine Rolle. Am nächsten Tag aus den Resten ein neues Gericht oder eine Beilage zaubern. Vitamin-Vorrat: Mehr Salat (kräftige Sorten wie Eissalat, Romana, Endivie oder Radicchio) vorbereiten und gut trocken schleudern. Im Plastikbeutel verpackt hält der Salat sich so im Kühlschrank etwa 2 Tage. Von Gerichten, die sich eignen, gleich mehr kochen und portionsweise im Tiefkühlfach einfrieren.

Schnell aufgepeppt

Fertig- oder Halbfertigprodukte lassen sich in Windeseile mit ein paar frischen Zutaten auftunen – hier ein paar Tipps.

KLARE SUPPEN

Instant-Brühen lassen sich mit Reis, Fadennudeln, klein geschnittenem Gemüse, Geflügel- oder Lachsstreifen und frisch gehackten Kräutern aufmotzen.

TK-GEMÜSE

bekommt mit Ingwer und Sojasauce gewürzt einen asiatischen Touch. Mit geriebenem Käse überbacken wird es ein Gratin. Und mit Brühe und Sahne püriert glänzt es als Suppe.

TK-SPINAT

Spinat aus der Tiefkühltruhe ist ein Allrounder – egal ob als Schaumsüppchen mit Sahnehaube, als Füllung für überbackene Ofenkartoffeln, als Pastasauce mit Nüssen oder in der vegetarischen Lasagne.

SALAT

Aus fertigen Salatmischungen zaubern Sie mit Thunfisch, Schinkenstreifen, Schafkäse, Oliven, Croûtons oder gekochten Eiern ein kleines Essen.

CREMESUPPEN

oder Saucen und Ragouts aus der Dose oder dem Päckchen lassen sich mit Zitronensaft, Kokosmilch, Sojasauce, Safran, Kräutern, Krabben, Räucherlachs oder Sahne und Crème fraîche verfeinern.

KARTOFFELPÜREE

Instant-Püree lässt sich mit püriertem Brokkoli, Spinat oder Roter Bete aufpeppen und sieht auch noch toll aus. Noch schneller zaubern Sie eine herzhafte Variante mit gebratenem Knoblauch oder Speckwürfeln.

REIS

Fertig gegarter Reis wird besonders fein, wenn man ihn in Butter mit Safran oder Curry schwenkt – passt hervorragend zu Fisch oder asiatischen Gerichten. Noch raffinierter schmeckt er mit gehacktem Ingwer.

NUDELN

Vakuumverpackte Bandnudeln, Gnocchi & Co. aus dem Kühlregal passen ebenso wie getrocknete Teigwaren in die Blitzküche. Einfach lecker, egal ob als Gratin, Salat oder mit einer schnellen Sauce.

FRUCHTKOMPOTT

Kompott aus dem Glas in einem Topf erwärmen, mit Gewürzen aromatisieren und die Sauce mit etwas Stärke leicht andicken – mit Eis oder Vanillesauce ein Traum.

Vorratsküche

TK- und Dosenware sind oft besser als ihr Ruf. Immer vorrätig lassen sich daraus schnell raffinierte Gerichte zaubern.

TK-GEMÜSE Vollreif geerntet, rasch verarbeitet und sofort eingefroren – gegen Gemüse aus der Tiefkühltruhe spricht rein gar nichts. Nicht selten hat es bei Tests sogar mehr Vitamine zu bieten als frische Ware, die beim Gemüsehändler ein paar Tage auf einen Käufer wartet. Wer Wert auf Bio-Gemüse legt, findet es tiefgekühlt in Bio-Märkten, Reformhäusern und mittlerweile in vielen Supermärkten. Ebenfalls gut: gehackte TK-Kräuter. Tipp: Nutzen Sie die Hauptsaison von Gemüse. Das Gemüse putzen, nach Bedarf zerkleinern und in Salzwasser 2 Min. vorkochen. Abschrecken, abtropfen lassen und in Portionen einfrieren.

GEMÜSE & CO. AUS DER DOSE Ganz so gut wie TK-Gemüse schneiden die meisten Gemüsesorten aus der Dose nicht ab. Vieles ist zu lange gekocht und hat dadurch nicht nur an Vitaminen, sondern vor allem an Geschmack verloren. Doch es gibt Ausnahmen: Die bekannteste sind geschälte Tomaten aus der Dose. Hierfür werden die Früchte zur Hauptsaison, wenn sie wirklich vollreif und aromastark sind, geschält und in Dosen gefüllt. Gerade im Winter sind sie blasser Treibhausware in jedem Fall überlegen. Ebenfalls für Spontanes zu haben: gehackte Tomaten, Thunfisch sowie Mais oder Hülsenfrüchte, die gegart und nur mit Wasser und Salz in Dosen gefüllt werden.

FERTIGE TEIGE Im Supermarkt werden Sie fündig! Wählen kann man dort im Kühlregal zwischen fertig ausgerolltem, rohem Pizzateig und Blätterteig. Beide samt untergelegtem Backpapier aufgerollt und luftdicht verpackt. Einfach mitsamt dem Papier entrollen und nach Belieben verwenden oder belegen und backen. Vorgebackene Pizzaböden gibt es vakuumverpackt im Brot- oder Spezialitätenregal: aus der Packung nehmen, mit etwas Öl bepinseln, belegen und backen. Diese Böden sind zwar länger haltbar, dafür kommen die aus dem Kühlregal dem italienischen Original wesentlich näher.

Restlos glücklich

Kartoffeln und Nudeln eignen sich wunderbar für die schnelle Resteküche – hier sechs Rezeptideen.

KARTOFFEL-MAIS-PFANNE

500 g gekochte Kartoffeln pellen und in 1 cm dicke Scheiben schneiden. In 3 EL Olivenöl in 10–12 Min. knusprig braten. Salzen und pfeffern. 1–2 TL Paprikapulver mit ½ TL Cayennepfeffer mischen, über die Kartoffeln stäuben. 200 g Kabanossi würfeln, 2 Min. mitbraten. 1 Dose Mais abtropfen lassen, gut untermischen. 1 Bund Petersilie hacken und darüber streuen. Dazu Spiegeleier servieren.

KARTOFFELPLÄTZCHEN

500 g gekochte Kartoffeln pellen und durch die Presse drücken. Mit 2 Eiern verrühren, mit Salz, Pfeffer und Cayennepfeffer würzen. 200 g Feta zerkrümeln. 1 Bund Petersilie waschen und hacken. Alles mischen und zu Plätzchen formen, in Semmelbröseln wälzen. Plätzchen in 4 EL Olivenöl in etwa 6 Min. goldbraun braten. Als Beilage oder mit einem gemischten Salat servieren.

SÜSSER KARTOFFELAUFLAUF

300 g gekochte Kartoffeln pellen und fein reiben. Mit 250 g Grieß, 200 g Zucker, 40 g weicher Butter, 1 Ei, abgeriebener Schale von 1 Bio-Zitrone und 100 g Rosinen verrühren. Nach und nach ½ l Milch zugießen. Eine gefettete Auflauf- oder Kuchenform mit Semmelbröseln ausstreuen. Die Mischung einfüllen und im Backofen (Mitte) bei 180° (Umluft, 160°) etwa 1 Std. backen. Mit Apfelmus oder Kompott servieren.

NUDEL-FRITTATA

200 g Zwiebelstreifen in 2 EL Öl in 6 Min. glasig schmoren. 800 g gekochte Nudeln mitbraten. Aus der Pfanne nehmen. Streifen von 200 g gekochtem Schinken und gehackte Petersilie untermischen. 6 Eier mit 150 ml Milch verquirlen, salzen, pfeffern, mit den Nudeln mischen. 2 EL Öl erhitzen, die Nudelmasse hineingeben und zugedeckt bei mittlerer Hitze stocken lassen.

MEDITERRANER NUDELSALAT

Aus 4 EL Olivenöl, 4 EL Zitronensaft, 4 EL Tomatenmark, Salz und Pfeffer eine Sauce rühren. 3 EL Kapern abspülen, abtropfen lassen und hacken. 1 Dose Sardellenfilets zerpflücken. 4 Tomaten waschen und würfeln, salzen und pfeffern. 800 g gekochte Nudeln mit der Sauce mischen. Übrige Zutaten und ½ Bund gehacktes Basilikum unterheben.

BAMI GORENG

200 g Zwiebelstreifen in 2 EL Öl in 8 Min. goldgelb braten. Streichholzdünne Streifen von 250 g Möhren 3–4 Min. mitbraten. 800 g gekochte Nudeln mitbraten. Inzwischen 250 g Hähnchenbrustfilet in ganz feine Streifen schneiden, in einer zweiten Pfanne in 2 EL Öl 5–6 Min. rührbraten. Salzen. Alles mischen. Mit Sojasauce und süßer Chilisauce abschmecken. Mit 2 EL Sesamsamen und/oder Schnittlauchröllchen bestreuen.

Leckeres für jedes Alter

Babys, Kleinkinder und Kinder brauchen nach und nach andere Kost – hier ein kleiner Leitfaden.

DAS WUNDER MUTTERMILCH Ein Kind, das gerade zur Welt gekommen ist, ist noch ein kleiner Nesthocker, der ursprünglich nur eine ganz spezielle Nahrung verträgt: die Muttermilch. Sie ist einfach ideal: Sie schützt vor vielen Infektionen und teilweise auch vor Allergien. Über die Hälfte des Fettes sind wertvolle, mehrfach ungesättigte Fettsäuren, die das Immunsystem stärken, die Entwicklung des Gehirns fördern. Laktose, deren Anteil besonders hoch ist, beeinflusst im Dickdarm die Darmflora positiv, schützt vor krankmachenden Keimen und sorgt für den typisch weichen Stuhlgang des gestillten Babys. Der Eiweißanteil ist maßgeschneidert, aber niedrig, um das Verdauungssystem nicht zu überlasten.

EIN PAAR RATSCHLÄGE Versuchen Sie, so lange wie möglich zu stillen und führen Sie die Beikost möglichst spät ein, auf keinen Fall vor dem 5. Monat. Überfordern Sie Ihr Kind nicht mit zu raschen Veränderungen. Auch ans Essen und neue Lebensmittel muss es sich erst gewöhnen. Doch darf es durchaus einen Happs von Ihrem Teller kosten, wenn die Speise mild und verträglich ist. Ernähren Sie Ihr Baby im ersten Jahr nicht fettarm – es braucht eine kalorienreiche Kost, weil es so schnell wächst wie nie in seinem Leben.

BABYS SPEISEPLAN IN DEN ERSTEN 12 MONATEN
Die Milchmenge, die Ihr Körper bildet, richtet sich nach dem Appetit Ihres Kindes und reicht aus, bis es knapp ein halbes Jahr alt ist. Wer nicht stillt, füttert in dieser Zeit Säuglingsmilchnahrung mit der Flasche – anfangs rund 6-mal pro Tag. Nach und nach pendeln sich 4–5 Mahlzeiten ein. Ab dem 5. Monat wird es Zeit für die erste Beikost zusätzlich zur Muttermilch. Lassen Sie sich und Ihrem Kind jeweils 4 Wochen Zeit, bevor Sie eine weitere Beikost einführen. Als erstes wird mittags ein Gemüsebrei mit kleiner Fleischeinlage gefüttert. Als zweite Mahlzeit wird die gewohnte Abendmilch durch einen Milchbrei ersetzt. Der Getreide-Obst-Brei tritt nachmittags an die Stelle der dritten Trinkmahlzeit. Die Morgenmilch bekommt Ihr Kind bis zum Ende des ersten Jahres.

ESSEN MIT KLEINKINDERN Ihr Kind wird gegen Ende des ersten Jahres Mitglied am Familientisch und kann bald vieles mitessen. Es lernt immer mehr neue Gerüche, Geschmäcker und Zubereitungen kennen. Sein Ernährungsverhalten prägt sich. Was es jetzt rund ums Essen und Trinken lernt, das begleitet Ihr Kind sein ganzes Leben. Es geht in dieser Phase vom ersten bis zum siebten Lebensjahr nicht um ein spezielles Kinderessen, das große Ganze ist entscheidend. Dabei ist Kochen fürs Kind nicht nur Mittel zum Zweck, sondern auch eine Möglichkeit, die Entwicklung seiner Sinne und Geschicklichkeit zu fördern, Gemeinsamkeit zu erleben und die Welt zu verstehen.

WAS BRAUCHT IHR KIND? Gerade in den ersten Lebensjahren können Sie bei Ihrem Kind die Grundlage für eine gesunde Ernährung und gute Essgewohnheiten legen. Ihr Kind verträgt mit einem Jahr so gut wie alles, was auch Erwachsene essen – wenn auch mild gewürzt, gut gegart, klein geschnitten und nicht zu trocken. Die Lebensmittelauswahl sollte folgendermaßen aussehen, um ein ausgewogenes Nährstoffverhältnis zu erreichen: fett-, salz- und zuckerreiche Lebensmittel sparsam verwenden. Tierische Lebensmittel, wie Milch, Fisch, Fleisch und Ei, mäßig verwenden. Reichlich dürfen pflanzliche Lebensmittel auf dem Speiseplan stehen. Drei Haupt- und zwei Zwischenmahlzeiten sind für Kinder optimal.

WAS KINDER GERNE ESSEN Kinder lieben einfaches Essen: Was sie kennen, das mögen und essen sie. Je öfter ein Kind ein Gericht probiert, desto höher sind die Chancen, dass es ihm schmeckt. Aber nicht nur das Was, sondern auch das Wie spielt eine wichtige Rolle. Kinder brauchen Riten und Regeln, um sich im Leben zurechtzufinden. Dazu gehören feste, verlässliche Mahlzeiten: Frühstück, Mittagessen, Abendbrot. Kinder sind sinnlicher und sensibler als Erwachsene. Sie erleben Essen auf allen Ebenen: Hören, Sehen, Schmecken, Riechen und Fühlen. Nicht nur der Geschmack, auch das Mundgefühl ist wichtig: Wenn's knuspert, knistert oder flutscht, dann schmeckt es Kindern.

Kinder in der Küche

Die Küche ist kein Spielplatz – das müssen die kleinen Küchenhelfer lernen, bevor sie fleißig mit anpacken.

KREATIVITÄT FÖRDERN Plätzchenbacken oder Salatsaucerühren fördert Ihr Kind mindestens ebenso wie der Besuch der Krabbelgruppe. Planen Sie lieber etwas mehr Zeit ein und sparen sich eine Freizeitaktivität. Der kreative, aktive Umgang mit Lebensmitteln und Essen und Trinken regt Sinne und Motorik an, fördert das Geschmacksempfinden Ihres Kindes und steigert seine Wertschätzung von Essen und Trinken. Wenn Sie Ihr Kind beim Kochen helfen lassen, kann es seinen Spieltrieb austoben und Essen mit allen Sinnen erfahren.

REGELN AUFSTELLEN Sorgen Sie für Strukturen: Nicht nur feste Essenzeiten und Grundregeln, wie z. B. eine Stunde vor dem Essen keine Snacks und der gemeinsame Beginn und das Ende der Mahlzeiten, sind wichtige Rituale, die eingehalten werden müssen. Vor allem in der Küche, wo viele Gefahren lauern, gelten immer noch die alten Regeln vom Vormachen und Nachahmen. Sie können Ihrem Kind den Umgang mit Löffel und Messer, mit Schüssel und Töpfen beibringen. Haus- und Küchenarbeit lassen Zeit für Fragen und Antworten.

SICHERHEIT IST WICHTIG Kochen ist eher etwas für größere Kinder; backen, z. B. Teig rühren oder Plätzchen ausstechen, das können auch die Kleinen. Erklären Sie Ihrem Kind, welche Gefahren es beim Kochen und Backen gibt. Lassen Sie es nur die Dinge tun, welche für sein Alter angemessen sind – also kleine Kinder niemals mit Messern hantieren lassen. Bereiten Sie z. B. die Lebensmittel vor und Ihr Kind kann dann die ungefährlichen Aufgaben erledigen. Helfen Sie ihm bei schwierigeren Tätigkeiten – und wichtig: Trauen Sie ihm auch mal was zu!

Küchenspaß für Kinder

Die Küche als Sinnenpark – hier lernen Kinder schmecken, tasten, riechen, hören und wollen ganz genau zugucken.

OBST UND GEMÜSE VORBEREITEN

Das sollten Sie öfter mal Ihrem Kind überlassen. Für Kinder ab 6 Jahren ist's mit Sparschäler und Küchenmesser buchstäblich ein Kinderspiel und natürlich ist Naschen hier streng erlaubt. Bananen zermatschen können und dürfen auch schon die Allerkleinsten.

TEIG KNETEN UND FORMEN

Das ist für Kinder das Größte: mit beiden Händen in die glatte Masse zu greifen und lustige Gebilde daraus zu formen, macht einfach Spaß! Hefeteig sollten Sie vorbereiten, damit sich kleine Bäcker nicht kräftemäßig übernehmen. Und Mürbeteig ist etwas für Größere – er muss schnell geknetet werden.

KEKSE UND PLÄTZCHEN

Plätzchenausstechen ist auch für die ganz Kleinen ein Vergnügen. Helfen Sie ihnen, die Kekse aufs Blech zu bekommen, indem die Arbeitsfläche gut bemehlt wird. Mit eigenen Schablonen (evtl. nach vorgegebenem Thema) aus festem Papier können die Großen Figuren aus dem Teig schneiden.

OBSTKUCHEN BELEGEN

Kinder sind in ihrer Phantasie unschlagbar – und das Beste ist, hier können alle mitmachen. Blechkuchen sind die idealen Kandidaten, denn jedes Kind bekommt seine Ecke und dann kann es losgehen: Jeder darf nach Lust und Laune belegen und bestreuen.

SCHNUPPERN UND SCHMECKEN

Kinder lieben es, mit allen Sinnen die Welt zu erforschen. Wunderbar geeignet sind da die vielen Gewürze zur Weihnachtszeit mit ihren tollen Düften, Formen und Geheimnissen. Andere, roh genießbare Lebensmittel, wie Äpfel, Birnen, Kohlrabi, können von den Kindern blind verkostet werden. Das schult den Geschmackssinn.

KRÄUTER PFLANZEN

Nicht nur in der Küche können und wollen Kinder helfen. Auch im Garten gibt es immer wieder Gelegenheiten. Kräuter, Salat oder Gemüse eignen sich besonders gut, um den Kindern diese Arbeit und das Wissen näher zu bringen. Ganz toll ist natürlich ein kleiner Bereich im Garten für den eigenen »Gemüseanbau«.

Was Kindern schmeckt

Es ist gar nicht so leicht, allen gerecht zu werden, denn es gibt keine Geschmacksgarantie für Kinder. Wir helfen Ihnen dabei – angefangen bei den ganz Kleinen bis hin zu kleinen Snacks und Pausenknallern für die »Großen« …

mittags/ab dem 6. Monat

Kohlrabibrei mit Huhn

Für 4–5 Portionen | 35 Min. Zubereitungszeit
Bei 5 Portionen pro Portion ca. 210 kcal

250 g Kartoffeln
500 g Kohlrabi
100 g Hühnerbrustfilet
2–3 TL fein gehackte Petersilie (TK)
4–5 EL Apfelsaft
4–5 knappe EL Rapsöl

1 Kartoffeln waschen und mit Schale in 20–25 Min. gar kochen. Gleichzeitig Kohlrabi waschen, schälen und klein würfeln. Hühnerbrust in Streifen schneiden, mit dem Kohlrabi in 3 EL Wasser zugedeckt 15 Min. dünsten. Wenn nötig, noch etwas Wasser zugeben.

2 Kartoffeln pellen, klein schneiden und mit Petersilie, Apfelsaft und Öl zum Kohlrabi geben. Alles fein pürieren. Portionsweise einfrieren.

PLUSPUNKT
Kohlrabi liefern jede Menge Ballaststoffe, die die Verdauung Ihres Kindes anregen. Und die fettarme Hühnerbrust spendiert eine Extraportion hochwertiges Eiweiß, das es zum Wachsen braucht.

ab dem 8. Monat

Veggibrei

Für 4–5 Portionen | 25 Min. Zubereitungszeit
Bei 5 Portionen pro Portion ca. 190 kcal

300 g Pastinaken
250 g Kartoffeln
¼ l Möhrensaft
50 g Hirseflocken
6 EL Rapsöl

1 Die Pastinaken waschen, putzen, schälen und klein schneiden. Die Kartoffeln waschen, schälen und klein würfeln.

2 Die Pastinaken und Kartoffeln in einem Topf im Möhrensaft zugedeckt bei schwacher Hitze 15 Min. kochen lassen.

3 Die Hirseflocken einstreuen und den Brei unter ständigem Rühren weitere 3 Min. kochen. Den Brei vom Herd nehmen und mit dem Öl fein pürieren, bei Bedarf noch etwas Wasser hinzugeben. Frieren Sie den Brei portionsweise ein.

TAUSCH-TIPP
Statt Pastinaken Möhren, Fenchel oder Knollensellerie verwenden.

PLUSPUNKT
Die Kartoffeln und die Pastinaken sind gut verträglich und leicht verdaulich. Das ätherische Öl in den Pastinaken wirkt gegen Bauchweh und Blähungen. Hirse liefert Eisen.

ab dem 6. Monat/glutenfrei

Mais-Himbeerbrei zum Löffeln

Für 1 Portion | 15 Min. Zubereitungszeit
Pro Portion ca. 210 kcal

200 ml Vollmilch (oder HA-Nahrung) | 20 g Maisgrieß (Polenta) | 3 EL Himbeeren (frisch oder TK)

1 Milch mit Maisgrieß in einen Topf geben und 5 Min. quellen lassen.

2 Den Grieß unter Rühren langsam erhitzen. Bei schwacher Hitze unter Rühren etwa 5 Min. köcheln lassen, bis der Brei dick wird.

3 Die Himbeeren (auch gefrorene) unterrühren, kurz aufkochen, den Brei vom Herd nehmen und warten, bis die Beeren aufgetaut sind. Der Brei hat nun die richtige Ess-Temperatur.

nachmittags/ab dem 7. Monat

Bratapfelbrei

Für 1 Portion | 30 Min. Zubereitungszeit
Pro Portion ca. 240 kcal

1 milder Apfel (z. B. Cox Orange, Braeburn, Gala oder Jonagold)
2 Zwiebäcke
1 TL Butter

1 Backofen auf 200° vorheizen. Das Backofengitter mit Alufolie auslegen. Den Apfel waschen und darauf setzen. Im Backofen (Mitte, Umluft 180°) 15–20 Min. garen. Dann das Fruchtfleisch mit einem Löffel von der Schale trennen.

2 Zwiebäcke in einem Gefrierbeutel mit einem Nudelholz zerbröseln. Mit der Butter und dem Apfel mischen. Ist der Brei zu fest, etwas abgekochtes Wasser unterrühren.

abends/ab dem 6. Monat

Grießbrei mit Banane

Für 1 Portion | 10 Min. Zubereitungszeit
Pro Portion ca. 240 kcal

200 ml Vollmilch
20 g Vollkorngrieß
50 g geschälte reife Banane

1 Die Milch in einem Topf erwärmen. Den Grieß mit einem Schneebesen unterrühren und einmal aufkochen lassen. Bei schwacher Hitze 3 Min. unter Rühren quellen lassen.

2 Banane mit einem Pürierstab fein pürieren (wenn der Brei mit der Flasche gefüttert wird) oder mit einer Gabel zerdrücken (wenn Sie den Brei mit dem Löffel füttern). Unter den Brei rühren.

TAUSCH-TIPP

Sie können auch anderes Obst verwenden. Ist es etwas säuerlich, etwas Banane oder 1 Prise Zucker zugeben.

mittags/vegetarisch/ab dem 6. Monat

Brokkoli-Haferbrei

Für 4–6 Portionen | 30 Min. Zubereitungszeit
Bei 6 Portionen pro Portion ca. 195 kcal

500 g Brokkoli
250 g Kartoffeln
50 g Haferflocken
75 ml Apfelsaft
5 knappe EL Rapsöl

1 Brokkoli waschen, putzen und in Röschen teilen, die Stiele schälen und würfeln. Kartoffeln waschen, schälen und klein würfeln.

2 ¼ l Wasser in einem kleinen Topf erhitzen. Brokkoli und Kartoffeln darin zugedeckt 15 Min. köcheln lassen, bis beides weich ist.

3 Haferflocken einrühren und den Brei unter Rühren aufkochen lassen. Brei vom Herd nehmen. Apfelsaft und Rapsöl unterrühren und alles mit dem Pürierstab fein pürieren. Portionsweise einfrieren.

mittags/ab dem 5. Monat

Kürbisbrei mit Rind

Für 4–5 Portionen | 35 Min. Zubereitungszeit
Bei 5 Portionen pro Portion ca. 230 kcal

250 g Kartoffeln
250 g Hokkaido-Kürbis
250 g Möhren
100 g Rinderlende
75 ml Orangensaft
4–6 knappe EL Rapsöl

1 Kartoffeln mit Schale in 20–25 Min. gar kochen. Kürbis und Möhren waschen, putzen, schälen und in Stücke schneiden. Fleisch in feine Streifen schneiden.

2 Gemüse und Fleisch zugedeckt 15 Min. köcheln lassen, nach Bedarf etwas Wasser zugeben.

3 Kartoffeln pellen und klein schneiden. Mit Orangensaft und Öl zum Fleisch-Mix geben, alles mit dem Pürierstab fein pürieren. Portionsweise einfrieren.

vollwertig

Power-Frühstück

Für 2 Portionen | 20 Min. Zubereitungszeit | über Nacht Quellen
Pro Portion ca. 280 kcal

4 EL Getreidekörner (z. B. Hafer oder Weizen)
250 g Joghurt
2 TL Agavendicksaft (ersatzweise Zucker)
1 Apfel
2 EL Walnusskerne
8 Erdbeeren oder 1 Orange

1 Getreide in einer Getreide- oder Kaffeemühle mittelfein mahlen. Mit 4 EL Wasser zu einem Brei vermischen und abgedeckt im Kühlschrank über Nacht quellen lassen.

2 Brei am nächsten Morgen mit Joghurt und Dicksaft mischen. Apfel waschen, mit Schale raspeln und darunterziehen. Walnüsse klein hacken und in einer Pfanne ohne Fett rösten.

3 Erdbeeren waschen, putzen und klein schneiden oder Orange schälen und in kleine Stücke schneiden. Müsli mit den Nüssen bestreuen und mit dem Obst dekorieren.

Frühstück/für die ganz Kleinen

Anfänger-Müsli

Für 1 Portion | 10 Min. Zubereitungszeit
Pro Portion ca. 175 kcal

½ reife Banane
3 EL Orangensaft
2 EL Naturjoghurt
2 EL blütenzarte Haferflocken

1 Banane klein schneiden und mit Orangensaft und Joghurt fein pürieren.

2 Flocken unter das Bananenmus rühren.

TIPP
Fertige Müslimischungen sind für Babys und Kleinkinder nur bedingt geeignet. Grobe Flocken, Körner und Nüsse verträgt ihr Verdauungssystem noch nicht, viele Mischungen sind außerdem zuckerreich und mit Aromen und Zusatzstoffen angereichert.

Frühstück/für den Vorrat/preiswert

Vegetarische Teewurst

Für 1 Schraubglas (300 g Inhalt) | 15 Min. Zubereitungszeit
Pro Glas ca. 375 kcal

¼ l Tomatensaft | 100 g rote Linsen | 1 kleine gelbe Paprikaschote | Salz | frisch gemahlener Pfeffer | gehacktes Basilikum

1 Den Tomatensaft aufkochen lassen. Linsen dazugeben und bei schwacher Hitze 5–10 Min. köcheln lassen, dann pürieren.

2 Paprika waschen, putzen und in grobe Stücke schneiden. In der Küchenmaschine fein raspeln. Paprikaraspel unter die Linsenmasse rühren und mit Salz, Pfeffer und Basilikum abschmecken. Paste in ein sauber ausgespültes Schraubdeckelglas füllen und im Kühlschrank aufbewahren. Hält sich etwa 5 Tage.

Frühstück/für den Vorrat

Süßer Aufstrich

Für 1 Schraubglas (180 g Inhalt) | 45 Min. Zubereitungszeit
Pro Glas ca. 500 kcal

40 g ganze Mandeln | 40 g Bulgur | 200 ml Apfelsaft | ½ Apfel

1 Mandeln in Wasser aufkochen lassen, abschrecken und aus der Schale drücken.

2 Bulgur mit Mandeln und Apfelsaft aufkochen, 20–25 Min. köcheln lassen, bis der Saft fast verkocht ist. Alles fein pürieren.

3 Apfel waschen, schälen und putzen, dann fein raspeln und unter den Bulgur ziehen. In ein dicht schließendes Glas füllen und im Kühlschrank bis zu 2 Wochen aufbewahren.

mineralstoffreich/zum Frühstück

Dattel-Schokomix

Für 2 Portionen | 10 Min. Zubereitungszeit
Pro Portion ca. 140 kcal

4 getrocknete Datteln
300 ml Milch
½ TL Kakaopulver
Schokoraspel zum Bestreuen

1 Datteln entkernen und klein schneiden. Milch in einem Topf erhitzen, Kakao und Datteln dazugeben, zum Kochen bringen.

2 Topf vom Herd ziehen. Milchmix in einen Rührbecher geben und mit dem Pürierstab fein pürieren, bis fast keine Dattelstücke mehr zu sehen sind. Auf 2 Becher verteilen, mit einigen Schokoraspeln bestreuen. Heiß trinken.

PLUSPUNKT
Datteln sind sehr mineralstoffreich: Sie machen den Schokomix schön cremig und süßen auf natürliche Weise. Ihr Aroma passt sehr gut zum Kakao.

schnell/gelingt leicht/zum Frühstück

Pfirsich-Mix

Für 1 Glas | 10 Min. Zubereitungszeit
Pro Portion ca. 160 kcal

1 reifer Pfirsich
50 g Vanillejoghurt
75 ml Milch
1 EL Schmelzflocken

1 Pfirsich waschen, halbieren und den Kern entfernen. Pfirsich in Stücke schneiden.

2 Alle Zutaten in einem hohen Gefäß pürieren, bis keine Pfirsichstückchen mehr zu sehen sind.

TAUSCH-TIPP
Statt mit Pfirsich schmeckt der Drink auch mit 1 reifen Aprikose oder Nektarine.

reich an wertvollen Fettsäuren/mittags

Lachsragout mit Risi-Bisi

(im Bild vorne)

Für 4 Portionen | 30 Min. Zubereitungszeit
Pro Portion ca. 660 kcal

1 EL + 2 TL Butter | 250 g Basmatireis
½ l + 300 ml Gemüsebrühe
200 g TK-Erbsen | 2 TL Mehl
500 g Lachsfilet (TK)
3 EL Zitronensaft | Salz
1 kleine Zwiebel | 1 TL Öl
100 g Sahne | frisch gemahlener Pfeffer
Zucker | 1 TL Senf | 1 Bund gehackter Dill

1 1 EL Butter in einem Topf erhitzen. Reis kurz andünsten. ½ l Brühe angießen und aufkochen lassen, dann die Erbsen dazugeben. Reis in 15 Min. ausquellen lassen.

2 Inzwischen für die Sauce restliche Butter und Mehl zu einer glatten Masse verkneten und ins Gefrierfach stellen. Lachsfilet kalt abspülen, trocken tupfen und in 2 cm große Würfel schneiden. Mit 2 EL Zitronensaft beträufeln und leicht salzen.

3 Zwiebel schälen und fein würfeln. Öl in einem Topf erhitzen, Zwiebel darin glasig dünsten. Restliche Brühe und Sahne dazugießen, zum Kochen bringen. Mehlbutter mit einem Schneebesen in die Sauce rühren. Sauce kochen lassen, bis sie gebunden ist.

4 Sauce mit Salz, Pfeffer, 1 Prise Zucker, Senf und 1 EL Zitronensaft abschmecken. Lachs in die Sauce legen und in 3–4 Min. gar ziehen lassen. Kurz vor dem Servieren den Dill zur Sauce geben. Den Lachs mit dem Reis anrichten.

schnell/gelingt leicht

Gemüsesauce mit Couscous

(im Bild hinten)

Für 4 Portionen | 25 Min. Zubereitungszeit
Pro Portion ca. 285 kcal

Je 2 TL Butter und Mehl
1 Zwiebel
2 Möhren
1 Zucchino
1 TL Öl
½ l Gemüsesaft
Salz
frisch gemahlener Pfeffer
2 EL gehackte Petersilie
½ l Gemüsebrühe
250 g Couscous

1 Butter und Mehl zu einer glatten Masse verkneten und in den Gefrierschrank stellen.

2 Zwiebel schälen. Möhren waschen und schälen. Zucchino waschen und putzen. Alles klein würfeln.

3 Öl in einem Topf erhitzen, Zwiebel, Möhren und Zucchino darin andünsten. Gemüsesaft dazugeben und aufkochen lassen. Die Mehlbutter portionsweise in die Sauce rühren. Sauce noch 5 Min. kochen lassen, bis sie gebunden ist. Mit Salz und Pfeffer abschmecken und mit Petersilie bestreuen.

4 Für den Couscous die Gemüsebrühe aufkochen. Couscous einrühren und 5 Min. zum Ausquellen stehen lassen. Vor dem Servieren mit einer Gabel auflockern und mit der Sauce anrichten.

mittags oder abends/schnell

Tomatenblitzsuppe

Für 4 Portionen | 30 Min. Zubereitungszeit
Pro Portion ca. 175 kcal

1 Zwiebel | 1 Knoblauchzehe | 1 EL Olivenöl | 900 ml Tomatensaft | 100 ml Orangensaft | 1 Schuss Aceto balsamico | 1 EL getrockneter Oregano | Salz | 100 g Magerquark | 1 Ei | 4 EL Semmelbrösel | 50 g Parmesan | 2 EL gehacktes Basilikum | Pfeffer | Zucker

1 Die Zwiebel und den Knoblauch schälen und klein würfeln. Das Öl in einem Topf erhitzen, beides darin glasig dünsten. Den Tomaten- und Orangensaft angießen und zusammen aufkochen. Balsamico, Oregano und ½ TL Salz dazugeben und 10 Min. köcheln lassen.

2 Quark, Ei, Semmelbrösel, Parmesan und Basilikum verrühren. Die Masse zu kleinen Kugeln formen. Diese Klößchen 5 Min. in der Suppe ziehen lassen, bis sie gar sind. Die Suppe nochmals mit Pfeffer und Zucker abschmecken und servieren.

mittags/schnell

Erbsen-Nudel-Topf mit Schinken

Für 3 Kleinkinder
15 Min. Zubereitungszeit
Pro Portion ca. 330 kcal

150 g Hörnchen-Nudeln
100 g TK-Erbsen
3 EL Crème fraîche
2 Scheiben Kochschinken
2 EL gehacktes Basilikum

1 Die Nudeln nach Packungsangabe in reichlich kochendem Wasser (ohne Salz) kochen. 5 Min. vor Ende der Garzeit die gefrorenen Erbsen dazugeben und mitgaren.

2 Die Nudeln und Erbsen durch ein Sieb abgießen. Sofort die Crème fraîche unterrühren.

3 Den Schinken in kleine Würfel schneiden und mit dem Basilikum zum Nudeltopf geben.

TAUSCH-TIPP
Statt Schinken können Sie auch eine Handvoll Krabben zu den Nudeln geben, diese jedoch vorher mit der Crème fraîche etwa 5 Min. erwärmen.

eisenreich/mittags

Grüne Hackfleischsauce

Für 4 Portionen | 30 Min. Zubereitungszeit
Pro Portion ca. 235 kcal

500 g junger Blattspinat
1 Zwiebel
1 Knoblauchzehe
1 TL Öl
250 g Rinderhackfleisch
Salz
frisch gemahlener Pfeffer
2 EL Crème fraîche
50 g Sahne
frisch geriebene Muskatnuss

1 Den Spinat waschen, putzen und grob zerteilen. Die Zwiebel und den Knoblauch schälen und beides fein hacken.

2 Das Öl in einer großen Pfanne erhitzen. Die Zwiebel und den Knoblauch darin glasig dünsten. Das Hackfleisch dazugeben und anbraten, dabei immer wieder mit einem Löffel zerstoßen, damit es krümelig wird. Mit etwas Salz und Pfeffer würzen.

3 Den Spinat zum Hackfleisch geben. Zugedeckt bei schwacher Hitze in 3 Min. zusammenfallen lassen.

4 Crème fraîche und Sahne unter die Sauce rühren. Sauce mit Salz, Pfeffer und 1 Prise Muskatnuss abschmecken. Dazu passen am besten Nudeln.

fettarm/Beilage

Bouillonkartoffeln

Für 4 Portionen | 45 Min. Zubereitungszeit
Pro Portion ca. 190 kcal

800 g fest kochende Kartoffeln
4 Möhren
100 g Knollensellerie
1 kleine Stange Lauch
1 EL Öl
Sojasauce
1 Bund Petersilie

1 Die Kartoffeln, die Möhren und den Sellerie waschen, schälen und in 1 cm große Würfel schneiden. Den Lauch waschen, putzen und in Ringe schneiden.

2 Das Öl in einem Topf erhitzen und das Gemüse darin anbraten. Kartoffeln dazugeben und mit ¼ l Wasser auffüllen. Alles mit etwas Sojasauce würzen und 25–30 Min. zugedeckt köcheln lassen, bis die Kartoffeln gar sind.

3 Die Petersilie waschen, trocken schütteln und klein hacken. Dann die Bouillonkartoffeln abschmecken, mit Petersilie bestreuen und servieren.

mittags/ohne Milch und Ei

Kartoffeln und Kohlrabi mit Huhn

Für 3 Kleinkinder | 30 Min. Zubereitungszeit
Pro Portion ca. 195 kcal

300 g Kartoffeln | 1 mittelgroßer Kohlrabi | 2 Möhren | 150 g Hühnerbrust | 1 EL Rapsöl

1 Kartoffeln, Kohlrabi und Möhren putzen, waschen, schälen und in etwa 1 cm große Würfel schneiden.

2 Das Hühnerfleisch unter fließendem Wasser abspülen, mit Küchenpapier trocken tupfen und in 1 cm große Stücke schneiden.

3 Das Öl in einem Topf erhitzen. Gemüse und Fleisch darin unter Rühren 2–3 Min. bei schwacher Hitze sanft anbraten. Mit ½ l Wasser ablöschen, aufkochen lassen und alles zugedeckt 20–25 Min. köcheln lassen, bis das Gemüse weich und das Fleisch gar ist. Dabei ab und zu umrühren.

TIPP
Die Menge reicht auch für einen Erwachsenen und 1 Kleinkind. Dann die Erwachsenenportion nach Belieben mit etwas Sojasauce nachwürzen.

Frühstück oder zwischendurch/für den Vorrat

Früchte-Müsli

Für ca. 700 g | 20 Min. Zubereitungszeit
Pro Portion (30 g) ca. 120 kcal

250 g Vollkorn-Haferflocken | 100 g Sojaflocken | 100 g Roggenflocken | 100 g Haferkleie | 50 g Haselnüsse | 25 g Sonnenblumenkerne | 25 g Kürbiskerne | 3 getrocknete Aprikosen | 3 Backpflaumen | 3 getrocknete Apfelringe

1 Hafer-, Soja- und Roggenflocken mit Haferkleie in einer großen Schüssel miteinander mischen.

2 Die Nüsse grob hacken. Mit den Sonnenblumen- und Kürbiskernen in einer Pfanne ohne Fett 5 Min. rösten. Vom Herd nehmen und abkühlen lassen.

3 Die getrockneten Früchte in sehr kleine Würfel schneiden. Mit den gerösteten Nüssen und Kernen unter die Flocken-Mischung mengen. Das Müsli in ein gut verschließbares Gefäß oder eine Dose füllen und an einem dunklen, kühlen Ort aufbewahren. Es ist etwa 2 Monate haltbar.

SERVIER-TIPP
Bereiten Sie 2 EL Müsli mit Milch oder einem Milchprodukt wie Joghurt, Dickmilch, Buttermilch oder Kefir zu und kombinieren Sie es mit frischen Früchten nach Wahl und Saison.

gelingt leicht/Frühstück

Beeren mit Sanddorn-Dickmilch

Für 1 Person | 10 Min. Zubereitungszeit
Pro Portion ca. 210 kcal

150 g gemischte Beeren (frisch oder TK)
200 g Dickmilch
1 EL Sanddorn-Vollfrucht mit Honig
(aus dem Reformhaus)
1 EL Vollkorn-Haferflocken

1 Die Beeren vorsichtig waschen, verlesen und putzen. Gefrorene Beeren über Nacht auftauen lassen. In einen tiefen Teller geben.

2 Die Dickmilch mit Sanddorn-Vollfrucht verrühren und über die Beeren gießen. Die Haferflocken in einer Pfanne rösten, bis sie duften. Die Beeren damit bestreuen.

Frühstück oder zwischendurch/nussig

Honig-Nuss-Milch

Für 2 Personen | 15 Min. Zubereitungszeit
Pro Portion ca. 260 kcal

2 EL Haselnussmus
2 EL flüssiger Honig
400 ml Milch
½ Bio-Zitrone
1 EL Haselnusskerne

1 Das Haselnussmus mit dem Honig und der Milch verrühren und mit dem Milchaufschäumer/Miniquirl gut schaumig schlagen.

2 Die Zitronenhälfte heiß waschen, die Schale fein abreiben, den Saft auspressen. Die Haselnusskerne fein hacken oder in feine Scheiben hobeln oder schneiden.

3 Den Shake mit 2–3 TL Zitronensaft abschmecken und in Gläser füllen. Nüsse und Zitronenschale mischen und daraufstreuen.

kräuterwürzig

Tomaten-Kräuter-Brot

Für 1 Person | 10 Min. Zubereitungszeit
Pro Portion ca. 110 kcal

½ Bund Schnittlauch | 1 kleine Strauchtomate | 1 Scheibe Roggen-Vollkornbrot | 2 EL körniger Frischkäse | schwarzer Pfeffer

1 Den Schnittlauch waschen, trocken schütteln und in Röllchen schneiden. Die Tomate waschen, in Scheiben schneiden.

2 Die Brotscheibe mit dem Frischkäse bestreichen und halbieren. Die Schnittlauchröllchen bis auf 1 TL üppig auf beide Brothälften streuen. Die Tomatenscheiben darauflegen. Mit Pfeffer übermahlen und mit 1 TL Schnittlauch bestreuen.

Knackiges für die Pause/würzig-leicht

Gemüsestreifen mit Kräuter-Dip

Für 1 Person | 20 Min. Zubereitungszeit
Pro Portion ca. 330 kcal

1 kleine rote Paprikaschote | 1 Stange Staudensellerie | 1 Minigurke (etwa 100 g) | ½ Bund Petersilie | 6 Basilikumblättchen | 1 EL gemahlene Mandeln | 1 EL geriebener Parmesan | 1 TL Aceto balsamico | 4 EL Gemüsefond (aus dem Glas; ersatzweise Gemüsebrühe) | 2 EL Olivenöl | Salz | Pfeffer

1 Die Paprika vierteln, putzen, waschen und in fingerbreite Streifen schneiden. Den Sellerie waschen, putzen und in etwa 10 cm lange Stücke schneiden. Die Gurke schälen, längs halbieren, entkernen und in fingerdicke, etwa 10 cm lange Stifte schneiden.

2 Für den Dip die Petersilie waschen, trocken schütteln, die Blättchen abzupfen und sehr fein hacken. Die Basilikumblättchen ebenfalls hacken.

3 Die Kräuter mit Mandeln, Parmesan, Essig und Fond pürieren. Das Öl untermixen, den Dip mit Salz und Pfeffer abschmecken.

TIPP
Für den Pausensnack Gemüse und Dip getrennt in zwei gut verschließbaren Frischhalteboxen mitnehmen.

für die Pause/gut vorzubereiten

Frikadellen-Muffins

Für 12 Muffins | 20 Min. Zubereitungszeit | 20 Min. Backen
Pro Stück ca. 75 kcal

1 Scheibe Brot vom Vortag | 1 kleine rote Paprikaschote | 1 kleine Zwiebel | 1 Knoblauchzehe | 250 g Hackfleisch | 1 Ei | 2 EL Magerquark | Semmelbrösel nach Bedarf | Salz | Cayennepfeffer | Paprikapulver | Muffinform | Fett für die Form

1 Den Backofen auf 200° vorheizen. Das Brot in warmem Wasser einweichen. Die Paprika waschen, putzen und klein würfeln. Die Zwiebel und den Knoblauch schälen, klein würfeln. Die Muffinform einfetten.

2 Das Brot ausdrücken, mit Hackfleisch, Ei, Quark, Paprika, Zwiebel und Knoblauch verkneten. Wenn der Fleischteig zu feucht ist, Semmelbrösel unterkneten. Den Teig mit Salz, Cayennepfeffer und Paprikapulver würzen und in die Muffinmulden füllen. Im Backofen 15–20 Min. backen.

zum Mitnehmen/frisch und knackig

Rot-Weiß-Spießchen

Für 1 Person
10 Min. Zubereitungszeit
Pro Portion ca. 100 kcal

8 Cocktailtomaten
40 g Mozzarella (oder 4 kleine Mozzarellakugeln)
8 Basilikumblättchen
4 kleine Holzspieße

1 Die Tomaten waschen. Den Mozzarella in 4 Würfel schneiden bzw. die Mozzarellakugeln abtropfen lassen.

2 Abwechselnd je 1 Tomate, Basilikumblättchen, Mozzarella und 1 zweite Tomate auf Holzspieße stecken.

VARIANTE
Für lustige Frucht- oder Gemüsespießchen eignen sich vielerlei Obst- und Gemüsesorten. Kombinieren Sie je nach Lust und Saison – Trauben oder Gurkenwürfel mit Käse, Erdbeeren und Banane oder Ananas und Ihre Kinder werden die Spießchen lieben.

TIPP
Noch leckerer schmecken Fruchtspieße, wenn sie einen Schokoüberzug bekommen. Für 4 kleine Spieße 100 g Kuvertüre – nach Lust und Laune aus Zartbitter-, Vollmilch- oder weißer Schokolade – über einem heißen Wasserbad schmelzen, etwas abkühlen lassen und die Spieße damit überziehen. Nach Belieben noch mit gehackten Nüssen bestreuen und trocknen lassen.

gelingt leicht / zum Mitnehmen

Schinken-Käse-Bonbons

Für 12 Stück | 20 Min. Zubereitungszeit | 25 Min. Backen | 20 Min. Auftauen
Pro Stück ca. 205 kcal

450 g TK-Blätterteig (6 rechteckige Scheiben) | 6 Scheiben gekochter Schinken (etwa 100 g) | 3 Scheiben Käse (etwa 60 g, z. B. Gouda) | 1 Eigelb | 50 g geraspelter Käse (aus dem Kühlregal) | Mehl für die Arbeitsfläche

1 Den Teig auftauen lassen und den Backofen auf 200° vorheizen. Ein Backblech mit Backpapier belegen. Den Schinken halbieren, den Käse vierteln.

2 Teigscheiben halbieren und zu Quadraten ausrollen. Jeweils so mit ½ Schinkenscheibe und ¼ Käsescheibe belegen, dass ein etwa 3 cm breiter Rand frei bleibt. Aufrollen und an den Seiten so eindrehen, dass die Teilchen wie Bonbons aussehen. Mit der Nahtstelle nach unten auf das Blech setzen.

3 Das Eigelb verquirlen, die Bonbons damit bestreichen. Mit Käse bestreuen und im Ofen (Mitte, Umluft 180°) in 25 Min. goldbraun backen.

VARIANTEN
Zum Füllen eigen sich z. B. auch Schafkäse, getrocknete Tomaten und Pinienkerne oder Parmaschinken, Mozzarella und Rucola.

fruchtig/Gesundes zum Naschen

Bananen-Kokos-Quark

Für 2 Kinder | 10 Min. Zubereitungszeit
Pro Portion ca. 210 kcal

1 kleine Banane | 1 EL Zitronensaft | 125 g Quark (40% Fett) | Mark von 1 Vanilleschote | 2 EL Puderzucker | 2 EL Kokosraspel | 1 TL Butter

1 Die Banane schälen, in dünne Scheiben schneiden und mit dem Zitronensaft vermischen. Die Hälfte der Bananen mit einer Gabel zerdrücken und mit Quark, Vanillemark und 1 EL Puderzucker verrühren und in ein Glas füllen.

2 Eine kleine Pfanne erhitzen und die Kokosraspel darin bräunen. Die Butter dazugeben und schmelzen lassen. Übrige Banane untermischen, restlichen Puderzucker darüberstreuen und bei mittlerer Hitze karamellisieren lassen. Auf den Quark geben.

Klassiker/preiswert

Milchreis mit Erdbeersauce

Für 2 Kinder | 25 Min. Zubereitungszeit
Pro Portion ca. 500 kcal

120 g Milchreis
350 ml Traubensaft
¼ l Milch
200 g Erdbeeren (TK, angetaut)
½ reife Banane (etwa 120 g)

1 Den Milchreis unter Rühren in einem Topf erhitzen, bis die Körner glasig werden. Dann den Traubensaft zugießen und alles aufkochen lassen. Hitze reduzieren, Milch unter ständigem Rühren ganz langsam dazugeben. Zugedeckt 20 Min. köcheln lassen, dabei öfters umrühren.

2 Inzwischen die Erdbeeren mit der Banane fein pürieren. Den Milchreis mit der Fruchtsauce servieren.

VARIANTE FÜR MILCHALLERGIKER

Milch komplett durch Traubensaft ersetzen und zusätzlich 40 g gemahlene Mandeln dazugeben.

preiswert/für Naschkatzen

Grießbrei Birne Helene

Für 2 Kinder | 15 Min. Zubereitungszeit
Pro Portion ca. 250 kcal

400 ml Milch
40 g Weizen- oder Vollkorngrieß
½ TL Kakaopulver
1 TL Zucker
1 weiche Birne

1 Milch aufkochen lassen. Grieß, Kakao und Zucker mit einem Schneebesen einrühren. Hitze reduzieren und den Brei unter Rühren 5 Min. ausquellen lassen.

2 Birne waschen, abreiben, vierteln und das Kerngehäuse entfernen. Fruchtfleisch in 1 cm große Stücke schneiden. Birnenstücke unter den Grießbrei rühren.

TIPP

Der Grießbrei ist ein feines Abendessen für kleine Leckermäuler, die abends gerne süß essen. Kombinieren Sie auch mal Vanille mit Orangenstückchen oder anderen Fruchtsorten, die Ihr Kind mag.

wärmend/aromatisch

Heiße Orangen-Zimt-Milch

Für 2 Personen | 10 Min. Zubereitungszeit
Pro Portion ca. 220 kcal

1 Bio-Orange
2 Stück Würfelzucker
450 ml Milch
2 EL Ahornsirup (ersatzweise Honig)
2 EL Orangenmarmelade (ersatzweise Aprikosenmarmelade)
½ TL Zimtpulver

1 Die Orange heiß waschen und die Schale mit den Würfelzuckerstückchen über einem Teller abreiben. So wird die Schale viel feiner als mit der Küchenreibe. Falls ein wenig vom Zuckerstück übrig bleibt, dieses anderweitig verwenden.

2 Die Milch mit dem Ahornsirup, der Marmelade und dem Zimt im Topf verrühren und erhitzen, aber nicht kochen lassen. Die Milch in Tassen oder Gläser füllen, die Orangenschale daraufstreuen und sofort servieren.

TIPP
Ahornsirup bekommen Sie mittlerweile in der Bio- oder Exotenecke jedes gut sortierten Supermarktes oder im Reformhaus. Der eingedickte Saft des Zucker-Ahorns schmeckt leicht nach Karamell und hält sich im Kühlschrank mehrere Wochen.

gelingt leicht/für Naschkatzen

Vanille-Möhren-Muffins

Für 12 Stück | 30 Min. Zubereitungszeit | 30 Min. Backen
Pro Stück ca. 210 kcal

100 g Butter
200 g Möhren
250 g Weizenmehl (Type 1050)
2 TL Backpulver
¼ TL Natron
¼ TL Salz
¼ TL Zimtpulver
2 Eier
100 g Zucker
250 g Vanillejoghurt
30 g gehackte Mandeln
Muffinform
12 Papierförmchen

1 Butter zerlassen. Backofen auf 190° vorheizen. Muffinform mit Papierförmchen auskleiden. Möhren schälen und fein raspeln. Alle trockenen Zutaten miteinander mischen.

2 Eier mit Zucker, Butter und Vanillejoghurt verquirlen. Mehlmischung zügig unterrühren. Zum Schluss Möhrenraspel unterheben.

3 Den Teig in die Förmchen füllen, mit den Mandeln bestreuen. Im Backofen (Mitte, Umluft 170°) 30 Min. backen.

kinderleicht / zum Naschen

Puppenkuchen

Für 24 Stück
35 Min. Zubereitungszeit
15 Min. Backen
Pro Stück ca. 60 kcal

100 g Beeren (z. B. Johannis-, Him- oder Heidelbeeren)
50 g weiche Butter
2 Eier
50 g Zucker
75 g Crème fraîche
1 TL Backpulver
120 g Mehl
Mini-Muffinform
24 Mini-Papierförmchen
Puderzucker zum Bestäuben

1 Den Backofen auf 175° (Umluft 160°) vorheizen, Papierförmchen in die Mulden der Mini-Muffinform verteilen. Dann die Beeren verlesen, waschen und trocken tupfen.

2 Aus Butter, Eiern und Zucker eine Schaummasse rühren. Crème fraîche unterziehen und das mit Backpulver vermischte Mehl unterheben.

3 Die Masse in die Förmchen verteilen, Beeren in die Mitte geben, leicht andrücken und im Ofen (Mitte) in 15 Min. goldbraun backen. Herausnehmen und kurz abkühlen lassen. Die Puppenkuchen aus der Form lösen und auf einem Gitter erkalten lassen. Mit Puderzucker bestäuben.

TIPP

Die Puppenkuchen lassen sich gut tiefkühlen. Die aufgetauten Muffins vor dem Servieren 5 Min. bei 100° (Umluft 80°) aufbacken.

knusprig/zum Knabbern

Knusperstangen

Für 1 Person | 5 Min. Zubereitungszeit | 12 Min. Backen | 20 Min. Auftauen
Pro Portion ca. 490 kcal

1 Platte TK-Blätterteig (etwa 70 g)
1 EL Marmelade oder Schokocreme
1 Eigelb
1 EL Sonnenblumenkerne, Kürbiskerne und Mohnsamen

1 Den Blätterteig auf die Arbeitsfläche legen und auftauen lassen. Ein Backblech mit Backpapier auslegen. Den Backofen auf 180° (Umluft 160°) vorheizen.

2 Teigplatte ein wenig größer ausrollen und quer halbieren. Die Hälften mit der Marmelade oder der Schokocreme bestreichen, von der Längsseite her aufrollen und auf das Blech legen. Die Stangen mit Eigelb bepinseln und mit den Kernen und Mohn bestreuen. Im Backofen (Mitte) in 10–12 Min. goldbraun backen.

TIPP
Bereiten Sie doch gleich die doppelte, drei- oder vierfache Menge der Knusperstangen zu – Sie werden sehen, sie finden großen Anklang bei der ganzen Familie.

süßer Klassiker

Pfannkuchen-Pizza

Für 2 Personen | 40 Min. Zubereitungszeit
Pro Portion ca. 655 kcal

80 g Mehl
1 TL Backpulver
2 Eier
150 ml Milch
1 Prise Salz
1 Apfel
1 Banane
100 g Erdbeerkonfitüre
3 EL Margarine
2 TL Kokosraspeln

1 Mehl, Backpulver, Eier, Milch und Salz zu einem glatten Teig verquirlen.

2 Den Apfel schälen, vom Kerngehäuse befreien und in 1 cm dicke Ringe schneiden. Die Banane schälen und in Scheiben schneiden. Die Erdbeerkonfitüre glatt rühren.

3 1 EL Margarine in einem Topf erhitzen. Die Apfel- und Bananenscheiben darin anbraten und weich schmoren. Aus dem Teig in einer Pfanne in der restlichen Margarine 4 Pfannkuchen ausbacken.

4 Die fertigen Pfannkuchen mit dem Obst belegen. Die Marmelade darüber verteilen und mit den Kokosraspeln bestreut servieren.

Für die ganze Familie

Hier finden Sie alles, was große und kleine Feinschmeckerherzen höher schlagen lässt – Frühstück, Salate, Suppen, unzählige Hauptgerichte mit viel Gemüse, Nudeln, Fisch und Fleisch und die süße Krönung.

kalziumreich/Frühstück

Fruchtige Quarkspeise

Für 4 Personen | 20 Min. Zubereitungszeit
Pro Portion ca. 120 kcal

1 reife Banane
2 EL Zitronensaft
250 g Magerquark
150 g Joghurt
1 reife Mango
20 g Kokosraspel

1 Die Banane schälen, sofort mit dem Zitronensaft mischen und zerdrücken. Banane, Quark und Joghurt mit einem Pürierstab glatt pürieren und 2 Std. durchkühlen lassen.

2 Vor dem Servieren die Mango schälen, das Fruchtfleisch vom Stein schneiden, klein würfeln und unter den Quark heben.

3 Kokosraspel in einer Pfanne ohne Fett kurz anrösten. Quark mit den Kokosraspeln bestreut servieren.

TAUSCH-TIPP
Die Mango durch andere Früchte nach Wunsch ersetzen. Statt der Kokosraspel passen auch Schokoraspel oder verschiedenste Nüsse.

fruchtig/frisch

Obstsalat mit Walnüssen

Für 6 Personen | 25 Min. Zubereitungszeit
Pro Portion ca. 140 kcal

2 Orangen
1 kleine Ananas (etwa 450 g)
2 säuerliche Äpfel (z. B. Braeburn)
3 Kiwis
1 Banane
250 g Erdbeeren
50 g Walnusskerne
3–4 EL Orangensaft (nach Belieben; für Erwachsene auch mal Orangenlikör)

1 Orangen so schälen, dass auch die weiße Haut entfernt wird. Die Orangenfilets über einer Schüssel zwischen den Trennhäutchen herausschneiden, dabei den Saft auffangen. Ananas schälen, von Strunk und Augen befreien und würfeln. Äpfel waschen, nach Belieben schälen, vom Kerngehäuse befreien und in Stücke schneiden. Alles zu Orangensaft und -filets in die Schüssel geben.

2 Kiwis und Banane schälen, Kiwis in Stücke, Banane in Scheiben schneiden. Erdbeeren waschen, putzen, viertel, zum übrigen Obst in die Schüssel geben.

3 Die Walnüsse in grobe Stücke brechen und dazugeben. Alles vorsichtig vermischen. Nach Belieben den Orangensaft hinzufügen.

herzhaft/einfach

Schinkeneier

Für 2 Personen
20 Min. Zubereitungszeit
Pro Portion ca. 260 kcal

120 g gekochter Schinken in dickeren Scheiben
½ Bund Schnittlauch
4 Eier
Salz
Pfeffer
2 TL Butter

1 Den Schinken vom Fettrand befreien und klein würfeln. Den Schnittlauch waschen, trocken schütteln und in feine Röllchen schneiden.

2 Die Eier in einer Schüssel verquirlen und mit Salz und Pfeffer würzen. Den Schnittlauch und Schinken untermischen.

3 Zwei ofenfeste Tassen mit der Butter ausstreichen und die Eiermischung einfüllen.

4 Die Tassen mit Alufolie verschließen und in einen breiten Topf stellen. So viel heißes Wasser dazugießen, dass es knapp unter den Rand der Tassen reicht. Das Wasser aufkochen und 10 Min. leicht köcheln lassen, bis die Eier gestockt sind. Das kann man durch Fingerdruck leicht überprüfen.

schnell/fürs Büfett

Radieschen-Kräuter-Quark

Für 4 Personen | 20 Min. Zubereitungszeit
Pro Portion ca. 80 kcal

1 Stück Salatgurke (100 g)
1 Knoblauchzehe
1 EL Zitronensaft
Salz
Pfeffer
250 g Magerquark
1 EL Olivenöl
1 Bund Radieschen
½ rote Paprikaschote
1 Bund Schnittlauch
½ Bund glatte Petersilie

1 Die Gurke schälen, längs halbieren und entkernen. Knoblauch schälen. Beides mit Zitronensaft, Salz und Pfeffer fein pürieren. Mit Quark und Öl zu einer Creme mixen.

2 Gemüse und Kräuter waschen, Kräuter trocken schütteln und Gemüse putzen. Radieschen raspeln, Paprikaschote entkernen und in kleine Würfel schneiden. Die Kräuter fein hacken. Alles mit der Creme vermischen und mit Salz und Pfeffer abschmecken.

SERVIER-TIPP
Der Quark passt zu Rohkost und Kartoffeln oder als Dip zu Gemüse. Auch lecker ist der Quark als Brotaufstrich, z.B. zum Frühstück auf einem frischen Bauernbrot.

würzig/schnell

Schinken-Rucola-Creme

Für 6 Personen | 15 Min. Zubereitungszeit
Pro Portion ca. 165 kcal

2 EL Pinienkerne
1 Bund Rucola
100 g Serranoschinken
250 g Ricotta
Salz
frisch gemahlener Pfeffer

1 Die Pinienkerne ohne Fett in einer beschichteten Pfanne goldbraun rösten und auskühlen lassen.

2 Den Rucola waschen und trocken schütteln, grobe Stiele entfernen und die Blätter sehr fein schneiden.

3 Den Schinken vom Fettrand befreien und in sehr feine Streifen schneiden.

4 Den Ricotta in eine Schüssel geben, dann Schinken, Rucola und Pinienkerne unterrühren. Mit wenig Salz und viel frisch gemahlenem Pfeffer würzig abschmecken und zu frischem Baguette servieren.

Klassiker/gelingt leicht

Schokoladencreme (im Bild hinten)

Für 4 Personen | 10 Min. Zubereitungszeit
Pro Portion ca. 275 kcal

50 g Zartbitterschokolade
50 g Vollmilchschokolade
1 Vanilleschote
100 ml Milch
50 g fein gemahlene Haselnüsse (ersatzweise Mandeln)
1 EL Kakaopulver
1 EL Butter
2 Päckchen Bourbon-Vanillezucker
1 Prise Zimtpulver
1 winzige Prise Salz

1 Beide Schokoladensorten in kleine Stücke brechen. Die Vanilleschote der Länge nach aufschlitzen und das Mark mit dem Messerrücken herauskratzen.

2 Die Schokolade mit dem Vanillemark und der Milch in einen kleinen Topf geben und unter Rühren bei schwacher Hitze erwärmen, bis die Schokolade geschmolzen ist.

3 Die Nüsse, das Kakaopulver, die Butter in kleinen Stücken und den Vanillezucker mit dem Zimtpulver und dem Salz dazugeben und alles gründlich mischen.

4 Die Schokoladencreme in ein Glas mit Schraubverschluss füllen und abkühlen lassen. Die Schokoladencreme ist 2–3 Wochen haltbar.

UND DAZU?

Als Unterlage passen knusprige helle Brötchen oder Toastbrot.

schnell/exotisch

Bananencreme (im Bild vorne)

Für 4 Personen | 10 Min. Zubereitungszeit
Pro Portion ca. 45 kcal

1 Bio-Limette
1 Stück frischer Ingwer (etwa 1 cm)
2 Bananen (etwa 300 g)
2 EL fester Honig
1 Prise gemahlene Nelken

1 Die Limette heiß waschen und die Schale fein abreiben, den Saft auspressen. Den Ingwer schälen und fein reiben oder durch die Knoblauchpresse drücken.

2 Die Bananen schälen, in grobe Stücke schneiden und mit Limettensaft und Honig mit dem Pürierstab pürieren. Püree mit Limettenschale, Ingwer und Nelkenpulver abschmecken.

UND DAZU?

Als Unterlage passen Weißbrot, Dinkelbrötchen oder helles Knäckebrot. Filets und feine Schalenstreifen von einer Limette machen sich als Deko-Topping besonders gut.

PLUSPUNKT

Gelb macht glücklich! Außerdem enthalten Bananen viel vom Glückshormon »Serotonin«, das positiv auf das zentrale Nervensystem wirkt und gute Laune macht.

für Gäste/für Festtage

Sonntagsbrot

Für 1 Brotkranz | 40 Min. Zubereitungszeit | 1 Std. Ruhen | 40 Min. Backen
Insgesamt ca. 3400 kcal

500 g Weizenmehl (Type 550) | 1/4 l lauwarme Milch | 1/2 Würfel Hefe (20 g) | 1 TL + 3 EL Zucker | 1 TL Salz | 50 g weiche Butter | 200 g Marzipanrohmasse | Mehl zum Arbeiten | 1 Eigelb zum Bestreichen | 2 EL Mandelblättchen zum Bestreuen

1 Mehl in eine Schüssel sieben. Milch mit Hefe und 1 TL Zucker verrühren. 3 EL Zucker, Salz, Butter und Hefemilch mit dem Mehl grob mischen. Auf einer bemehlten Arbeitsfläche 8 Min. kneten.

2 Den Teig in einer mit Mehl bestäubten Schüssel abgedeckt 30 Min. ruhen lassen. Ein Backblech mit Backpapier auslegen. Marzipanrohmasse und Teig getrennt zwischen Frischhaltefolie zu zwei Rechtecken (etwa 26 × 16 cm und 30 × 20 cm) ausrollen.

3 Marzipanrohmasse auf das größere Teigrechteck legen, dieses längs aufrollen, zum Kranz formen und auf dem Blech abgedeckt nochmals 30 Min. ruhen lassen.

4 Backofen auf 190° vorheizen. Eigelb mit etwas Wasser verquirlen. Teigling damit bestreichen und mit Mandelblättchen bestreuen. Das Brot im Backofen (Mitte, Umluft 170°) 35–40 Min. backen.

eisenreich/mittags

Roggenkorn-Brötchen

Für 16 Stück (à 45 g)
30 Min. Zubereitungszeit
2 Std. Gehen
30 Min. Backen
Pro Stück ca. 95 kcal

250 g Roggen-Vollkornmehl
200 g geschroteter Roggen
20 g Sonnenblumenkerne
½ Päckchen Natursauerteig (50 g) oder Trocken-Vollkorn-Sauerteig (7,5 g)
1 TL gemahlenes Brotgewürz
1 TL Salz
100 ml Buttermilch
1 Päckchen Trockenhefe
½ TL Akazienhonig
Mehl zum Arbeiten
Roggenschrot zum Bestreuen

1 Roggenmehl und -schrot, Sonnenblumenkerne, Sauerteig, Brotgewürz, Salz und Buttermilch in eine Schüssel geben. Hefe, Honig und ¼ l lauwarmes Wasser hinzufügen und alle Zutaten mit den Knethaken des elektrischen Handrührgeräts in 10 Min. zu einem glatten Teig verkneten (er ist recht feucht!). Zugedeckt an einem warmen Ort 1 Std. 30 Min. gehen lassen.

2 Den Teig auf bemehlter Arbeitsfläche noch einmal kräftig durchkneten. Nacheinander 16 Portionen abstechen und zu runden Brötchen formen. Auf ein mit Backpapier belegtes Blech setzen und zugedeckt noch 30 Min. gehen lassen.

3 Den Backofen auf 200° vorheizen. Eine feuerfeste Schale mit kochend heißem Wasser hineinstellen. Die Brötchen mit Wasser bepinseln und mit etwas Schrot bestreuen. Im heißen Ofen 30–35 Min. backen (Mitte, Umluft 180°). Herausnehmen und auf einem Kuchengitter auskühlen lassen.

TIPP

Die Brötchen nach dem Backen abkühlen lassen und so bald wie möglich in kleinen Portionen einfrieren. Nach dem Auftauen dann einfach nur kurz im Backofen (bei 100°) aufbacken.

knackig/aus der Mikrowelle

Möhrensnack

Für 4 Personen
20 Min. Zubereitungszeit
Pro Portion ca. 340 kcal

12 junge Möhren mit Grün
1 EL Butter
Salz
1 Prise Zucker
½ Bund Rucola
12 Scheiben geräucherter, hauchdünn geschnittener Schinken
Pfeffer

1 Möhrengrün auf etwa 3 cm kürzen. Möhren putzen, schälen und in eine mikrowellenfeste Schüssel legen. Butter in Flöckchen zufügen. Mit Salz und Zucker würzen. Zugedeckt bei 600 Watt in der Mikrowelle in 4–6 Min. garen.

2 Rucola waschen, verlesen, von den groben Stielen befreien und abtropfen lassen. Jede Möhre mit 2–3 Rucolablättern in jeweils 1 Schinkenscheibe einwickeln, sodass etwas Rucola herausschaut. Möhren anrichten, mit frisch gemahlenem Pfeffer aus der Mühle servieren.

preiswert/für zwischendurch

Kartoffel-Fritters mit Paprikasalsa

Für 4 Personen
45 Min. Zubereitungszeit
Pro Portion ca. 290 kcal

3 EL Öl
Cayennepfeffer
Salz
800 g Süßkartoffeln (ersatzweise fest kochende Kartoffeln)
2 rote Paprikaschoten
1 Zwiebel
100 ml Gemüsebrühe
2 EL Weinessig
1 TL Sambal oelek
1 Bund Petersilie

1 Den Backofen auf 200° vorheizen. Das Backblech mit Backpapier auslegen. Öl mit etwas Cayennepfeffer und Salz mischen.

2 Süßkartoffeln schälen, längs in Spalten schneiden und mit dem Gewürzöl mischen. Auf dem Blech verteilen. Kartoffeln im Backofen (Mitte, Umluft 180°) in 25–30 Min. goldgelb braten.

3 Inzwischen für die Salsa die Paprikaschoten waschen, halbieren, putzen, mit dem Sparschäler oder einem scharfen Messer schälen und in Stücke schneiden. Die Zwiebel schälen und würfeln. Das Gemüse in der Brühe aufkochen lassen und bei schwacher Hitze 10 Min. garen.

4 Gemüse pürieren, durchsieben und bei Bedarf offen dicklich einköcheln lassen. Mit Essig, Sambal oelek und Salz kräftig abschmecken. Petersilie waschen, trocken schütteln, Blättchen abzupfen und fein hacken. Unter die Paprikasalsa rühren.

5 Kartoffelspalten kurz auf Küchenpapier abtropfen lassen und mit der Salsa servieren.

gut vorzubereiten/schnelles Abendessen

Räucherfisch mit Apfelsauce

Für 2 Personen | 10 Min. Zubereitungszeit
Pro Portion ca. 425 kcal

1 kleiner säuerlicher Apfel
1 Stück Salatgurke (etwa 100 g)
2 Gewürzgurken
1 TL Kapern
2 TL Zitronensaft
1 EL Mayonnaise nach Belieben
75 g saure Sahne
Salz
frisch gemahlener Pfeffer
2 große Stängel Dill
300 g geräucherte Saiblingsfilets
(ersatzweise Forellenfilets)
Zitronenschnitze zum Garnieren

1 Den Apfel vierteln, schälen und vom Kerngehäuse befreien. Salatgurke waschen oder schälen und grob zerkleinern. Gewürzgurken von den Enden befreien und ebenfalls grob schneiden.

2 Apfel, Salatgurke, Gewürzgurken und Kapern mit dem Zwiebelhacker oder im Blitzhacker fein zerkleinern. Mit Zitronensaft, Mayonnaise nach Belieben und saurer Sahne verrühren, mit Salz und Pfeffer würzen. Dill waschen, trocken schütteln, fein hacken und unter die Sauce rühren.

3 Fischfilets auf Teller legen und mit der Sauce und den Zitronenschnitzen garnieren. Dazu passt Weißbrot oder Vollkornbaguette.

fruchtig/schneller Snack

Gartenhappen

Für 6 Personen | 25 Min. Zubereitungszeit
Pro Portion ca. 260 kcal

12 Scheiben Baguette
2 kleine, säuerliche Äpfel
1 EL gehackte Petersilie
75 g frisch geriebener Gouda
150 g Mett
2 EL Sonnenblumenkerne

1 Brot leicht toasten. Den Backofen auf 180° vorheizen. Die Äpfel waschen, halbieren und Kerngehäuse ausschneiden. Von jeder Hälfte 3 dünne Scheiben abschneiden, den Rest raspeln.

2 Apfelraspel, Petersilie, Gouda und Mett mischen, auf die Brote streichen. Darauf je 1 Apfelscheibe legen, mit Sonnenblumenkernen bestreuen. Im Backofen (Mitte, Umluft 160°) 12–15 Min. überbacken.

TAUSCH-TIPP

Die Gartenhappen schmecken auch mit würzigem Bauernbrot als Unterlage sehr gut. Das Bauernbrot in dünne Scheiben schneiden, ebenfalls rösten und wie im Rezept beschrieben mit Mett bestreichen und backen. Für den im Rezept angegebenen Belag reichen dann 4 größere Brotscheiben.

macht was her

Roastbeef mit Gemüse-Vinaigrette

Für 2 Personen | 10 Min. Zubereitungszeit
Pro Portion ca. 385 kcal

1 kleine rote Zwiebel (ersatzweise weiße Zwiebel)
1 Stange Staudensellerie
½ rote Paprikaschote
1 Tomate
1 ½ EL Weißweinessig (ersatzweise Apfelessig)
3 EL Kürbiskernöl
Salz
frisch gemahlener Pfeffer
250 g dünne Scheiben Roastbeef

1 Die Zwiebel schälen. Sellerie, Paprika und Tomate waschen und putzen. Das Gemüse grob schneiden und mit dem Zwiebelhacker oder im Blitzhacker fein zerkleinern.

2 Den Essig mit dem Öl verschlagen, das Gemüse untermischen und mit Salz und Pfeffer abschmecken. Roastbeefscheiben auf Tellern verteilen und die Gemüse-Vinaigrette darüber verteilen.

SERVIER-TIPP

Besonders hübsch sieht das Roastbeef aus, wenn Sie es auf bunt gemischten Salatblättern anrichten, bevor die Vinaigrette darüber kommt.

UND DAZU?

Dazu passen Weiß- oder Mischbrot oder auch mal Bratkartoffeln.

herrlich fruchtig

Hähnchensalat mit Trauben

Für 2 Personen | 15 Min. Zubereitungszeit
Pro Portion ca. 395 kcal

½ kaltes Brathähnchen
1 Bund Rucola
250 g kernlose blaue Weintrauben
1 Stück Salatgurke (etwa 100 g)
100 g saure Sahne
1 EL Pesto
1 ½ EL Zitronensaft
Salz
frisch gemahlener Pfeffer
1 EL kleine Kapern

1 Die Haut vom Brathuhn nach Belieben abziehen. Das Fleisch von den Knochen lösen und zerpflücken oder in Stücke schneiden.

2 Den Rucola verlesen, von den dicken Stängeln befreien, waschen, trocken schleudern und grob hacken. Die Trauben waschen und halbieren. Das Gurkenstück waschen oder schälen und klein würfeln.

3 Die saure Sahne mit dem Pesto und dem Zitronensaft verrühren und mit Salz und Pfeffer würzen. Hähnchen, Rucola, Trauben, Gurke und Kapern mit der Sauce vermischen und abschmecken. Dazu passen Weißbrot oder Vollkornsemmeln.

TAUSCH-TIPP

Mit in Spalten geteilten Pfirsichen statt mit Trauben schmeckt der Salat auch einmalig. Und die Salatgurke ruhig mal durch Cocktailtomaten ersetzen.

schnell/für Gäste

Couscous-Salat

Für 4 Personen | 20 Min. Zubereitungszeit
Pro Portion ca. 475 kcal

2 Bio-Zitronen
100 ml heiße Gemüsebrühe
150 g Couscous (Instant)
2 Paprikaschoten
1 Bund Frühlingszwiebeln
2 Bund krause Petersilie
4 EL Öl
150 g gemischtes Hackfleisch
Salz
Pfeffer
2 TL Harissa (scharfe marokkanische Gewürzpaste)
100 g geröstete Cashewkerne

1 Zitronen heiß waschen und trocken reiben. Die Schale von 1 Zitrone abreiben, von beiden den Saft auspressen. Beides mit der heißen Brühe unter den Couscous geben und diesen ausquellen lassen.

2 Das Gemüse waschen und putzen. Paprika entkernen und klein würfeln, Frühlingszwiebeln in Röllchen schneiden. Die Petersilie waschen, trocken schütteln, Blättchen abzupfen und fein hacken.

3 2 EL Öl in einer großen Pfanne erhitzen, das Hackfleisch darin unter Rühren krümelig braten. Mit Salz, Pfeffer und Harissa würzen.

4 Couscous mit Fleisch, Gemüse und dem restlichen Öl vermengen, abschmecken. Eventuell noch etwas Zitronensaft dazugeben. Cashewkerne untermischen und den Salat servieren.

herzhaft/frisch

Reis-Avocado-Salat

Für 2 Personen | 20 Min. Zubereitungszeit
Pro Portion ca. 430 kcal

80 g Parboiled-Naturreis
200 ml Gemüsebrühe
1 rote Paprikaschote
30 g Rucola
½ reife Avocado
2 EL Limettensaft
1 TL Chilisauce
Salz
Pfeffer
2 EL Olivenöl
4 EL Joghurt

1 Den Reis in der Brühe in 10 Min. zugedeckt garen. Durch ein Sieb abgießen und auskühlen lassen.

2 Die Paprika putzen, waschen, entkernen und fein würfeln. Den Rucola verlesen, waschen, trocken schleudern und hacken. Das Avocadofruchtfleisch aus der Schale löffeln, würfeln und mit 1 EL Limettensaft beträufeln. Restlichen Limettensaft, Chilisauce, Salz, Pfeffer und Öl verrühren. Unter den Reis mischen, das Gemüse unterheben und den Joghurt daraufgeben. Alles gut vermischen und nochmals abschmecken.

fruchtig/knackig

Kraut-Ananas-Salat

(im Bild rechts)

Für 4 Personen | 30 Min. Zubereitungszeit |
2 Std. Ziehen
Pro Portion ca. 240 kcal

500 g Weißkohl
Salz
1 kleine Dose Ananas (425 g Inhalt)
100 g Rosinen
3 EL leichte Mayonnaise oder Salatcreme
150 g Joghurt
3 EL Honig
3 TL Kräutersalz
frisch gemahlener Pfeffer

1 Weißkohl putzen, waschen, vom Strunk befreien und fein hobeln. 2–3 Min. in kochendem Salzwasser blanchieren. Dann abschrecken und in einem Sieb gut abtropfen lassen.

2 Die Ananas abtropfen lassen, dabei den Saft auffangen. Ananas in kleine Stücke schneiden und mit den Rosinen unter die Weißkohlstreifen mischen.

3 Die Mayonnaise oder Salatcreme mit Joghurt, etwas Ananassaft, Honig, Kräutersalz und frisch gemahlenem Pfeffer verrühren und über den Salat gießen. Alles gut vermischen und mindestens 2 Std. durchziehen lassen.

fürs Büfett/sommerlich

Rotgrüner Bohnensalat

(im Bild links)

Für 4 Personen | 25 Min. Zubereitungszeit |
mindestens 30 Min. Ziehen
Pro Portion ca. 150 kcal

750 g grüne TK-Bohnen
Salz
1 Bund glatte Petersilie
2 große Tomaten
1 Dose Kidneybohnen (400 g Inhalt)
3 EL Reisessig
5 EL Sojasauce
Kräutersalz
Pfeffer

1 Grüne Bohnen in Salzwasser bissfest garen. Kalt abschrecken. Petersilie waschen, trocken schütteln, Blättchen abzupfen und grob hacken. Stielansätze der Tomaten entfernen. Tomaten kurz überbrühen, häuten, halbieren und entkernen. Das Fruchtfleisch würfeln.

2 Kidneybohnen in einem Sieb abspülen und abtropfen lassen. Mit den grünen Bohnen und den Tomaten mischen.

3 Aus den übrigen Zutaten ein Dressing rühren und über das Gemüse gießen. Abgedeckt mindestens 30 Min. ziehen lassen, gelegentlich umrühren. Vor dem Servieren mit der Petersilie bestreuen.

mediterran/mittags

Lauwarmer Radicchiosalat

Für 4 Personen | 15 Min. Zubereitungszeit
Pro Portion ca. 275 kcal

40 g Sonnenblumenkerne | 1 Dose Artischockenherzen (400 g Inhalt) | 2 Köpfe Radicchio (300 g) | 250 g Cocktailtomaten | 4 EL Olivenöl | 3 EL Aceto balsamico | Salz | weißer Pfeffer | 50 g Alfalfasprossen | 75 g frisch in feine Späne gehobelter Pecorino

1 Sonnenblumenkerne in einer Pfanne ohne Fett rösten und herausnehmen. Die Artischockenherzen abtropfen lassen und halbieren. Radicchio waschen, putzen und in dicke Spalten schneiden. Cocktailtomaten waschen und halbieren.

2 Olivenöl in einer Pfanne erhitzen. Den Radicchio darin von beiden Seiten anbraten und anschließend herausnehmen. Das Bratöl mit Essig ablöschen und mit Salz und Pfeffer würzen.

3 Artischockenherzen, Radicchio und Tomaten auf einer Platte anrichten. Mit der Vinaigrette beträufeln. Die Alfalfasprossen darauf verteilen und mit den Sonnenblumenkernen bestreuen. Die Pecorinospäne auf dem Salat verteilen.

gelingt leicht/mild

Eisbergsalat mit Gurke und Champignons

Für 4 Personen
25 Min. Zubereitungszeit
Pro Portion ca. 250 kcal

1 Kopf Eisbergsalat
½ Gurke
1 Kohlrabi
8 Champignons
1 Bund Schnittlauch
1 Bio-Zitrone
1 TL Zucker
250 g Sahnejoghurt
Salz
weißer Pfeffer
100 g Cashewkerne

1 Vom Eisbergsalat die äußeren Blätter entfernen, vierteln, in Streifen schneiden, waschen und trocken schleudern. Die Gurke schälen, längs halbieren, Kerne mit einem Löffel herausschaben und die Gurke in Scheiben schneiden. Den Kohlrabi waschen, schälen, halbieren, die Champignons putzen. Beides in dünne Scheiben schneiden. Alles in eine Schüssel geben. Den Schnittlauch waschen und in Röllchen schneiden.

2 Die Zitrone heiß waschen und abtrocknen. Mit einem Zestenreißer Streifen von der Schale abziehen und beiseitestellen. Die Zitrone auspressen, den Saft mit dem Zucker, Joghurt, Salz, Pfeffer und der Hälfte des Schnittlauchs vermischen.

3 Die Cashewkerne in einer heißen Pfanne trocken anrösten. Die Sauce über den Salat geben, gut vermengen und den Salat mit dem restlichen Schnittlauch, Zitronenschale und Cashewkernen bestreuen.

exotisch/leicht

Asia-Nudelsuppe

Für 4 Personen | 30 Min. Zubereitungszeit
Pro Portion ca. 605 kcal

200 g dünne asiatische Weizennudeln | Salz | 4 Möhren (etwa 400 g) | 1 l Hühnerbrühe | 3 EL Sojasauce | 4 rohe Nürnberger Bratwürste

1 Die Nudeln nach Packungsangabe in reichlich Salzwasser bissfest kochen. Dann abgießen und gut abtropfen lassen. Die Möhren waschen, schälen und grob raspeln oder in feine Streifen schneiden.

2 Die Hühnerbrühe mit der Sojasauce aufkochen lassen. Die Möhren hinzufügen und nochmals sprudelnd aufkochen lassen.

3 Das Brät aus den Würsten portionsweise in die Brühe drücken, darin ziehen lassen, bis die garen Klößchen oben schwimmen. Zum Schluss die Nudeln in die Brühe geben und dann erwärmen.

Klassiker/herzerwärmend

Weißer Eintopf

Für 4 Personen
40 Min. Zubereitungszeit
Pro Portion ca. 305 kcal

1 große Stange Lauch
2 Kohlrabi
2 EL Butter
2 EL Mehl
1 l kalte Gemüsebrühe
1/4 l Milch
Salz | Pfeffer
Muskatnuss
150 g gegarte weiße Bohnen (aus der Dose)
50 g Crème fraîche

1 Den Lauch putzen, längs halbieren und waschen. Das helle Grün und den weißen Teil in Streifen schneiden, beides getrennt beiseitestellen. Die Kohlrabi schälen, in Spalten schneiden und diese in dünne Scheiben schneiden.

2 Das Weiße vom Lauch 3 Min. zugedeckt in der Butter schwach andünsten. Kohlrabi 1 Min. mitdünsten. Das Mehl darüberstreuen und kurz anschwitzen lassen. Von der Gemüsebrühe 5 EL abnehmen, den Rest samt der Milch unter Rühren zum Gemüse gießen. Aufkochen lassen, mit Salz, Pfeffer und frisch geriebenem Muskat würzen und die Bohnen zugeben. Die Suppe etwa 15 Min. garen, bis das Gemüse weich ist.

3 Inzwischen das Lauchgrün mit der übrigen Gemüsebrühe in einem kleinen Topf zugedeckt in 10 Min. weich dünsten. Dann abkühlen lassen und mit der Crème fraîche verrühren.

4 Den Eintopf abschmecken, auf tiefe Teller verteilen und je einen Klecks Lauchcreme hineinsetzen.

UND DAZU?

Servieren Sie zur Suppe frisches Bauernbrot oder dunkles Roggenbrot.

würzig/schnell

Polentasuppe

Für 4 Personen | 30 Min. Zubereitungszeit
Pro Portion ca. 350 kcal

4 Scheiben Parmaschinken | 2 EL Butter | 1 Knoblauchzehe | 50 g Polentagrieß | 1 ½ l Hühnerbrühe | Salz | Pfeffer | 1 Scheibe Toastbrot | 70 g frisch geriebener Parmesan | 2 ganz frische Eier

1 Schinken in 1 cm breite Streifen schneiden, in einem Topf in der Butter anbraten und herausnehmen. Den Knoblauch schälen, würfeln und im Bratfett glasig braten. Grieß 1 Min. mitrösten. Dann die Brühe bis auf 5 EL einrühren, salzen und pfeffern und 10 Min. kochen lassen.

2 Den Toast zwischen den Händen zerbröseln und mit 50 g Parmesan, Eiern und übriger Brühe mischen. Mit dem Schneebesen in die leicht kochende Suppe rühren. Dann aufkochen und nochmals abschmecken. Auf Teller verteilen und mit dem Schinken und dem übrigen Parmesan garnieren.

fruchtig/winterlich

Rote-Bete-Orangen-Suppe

Für 4 Personen | 15 Min. Zubereitungszeit
Pro Portion ca. 160 kcal

300 g Rote Bete (vorgegart, vakuumverpackt)
200 g gekochte Kartoffeln
½ l Orangensaft
200 ml Brühe (Instant)
100 ml Sherry (medium), nach Belieben
1 TL gemahlener Ingwer
¼ TL Zimtpulver
¼ TL Cayennepfeffer
Salz
4 TL Crème fraîche
Schnittlauch zum Garnieren

1 Die Roten Beten, die Kartoffeln und den Orangensaft mit dem Pürierstab pürieren. Nach Belieben durch ein Sieb streichen. Die Suppe mit so viel Brühe auffüllen, dass sie ziemlich flüssig wird. In einem Topf kurz aufkochen.

2 Suppe nach Belieben mit Sherry, Ingwer, Zimt, Cayennepfeffer und etwas Salz abschmecken.

3 In jede Portion 1 TL Crème fraîche spiralig einrühren. Mit einigen Schnittlauchstängeln dekorieren.

fein/schnell

Schnittlauchsüppchen

Für 4 Personen | 20 Min. Zubereitungszeit
Pro Portion ca. 415 kcal

4 Bund Schnittlauch
3 Eigelb
100 g Sahne
100 g Räucherlachs
600 ml Fischfond (aus dem Glas)
50 ml Weißwein (ersatzweise Brühe)
200 g Crème fraîche
Salz
weißer Pfeffer

1 Schnittlauch waschen und trocken schütteln. 2 Bund grob hacken. Den restlichen Schnittlauch in feine Röllchen schneiden und mit den Eigelben und Sahne verquirlen. Den Lachs in Streifen schneiden.

2 Fischfond, Wein und Crème fraîche aufkochen und vom Herd ziehen. Den grob gehackten Schnittlauch einrühren und 5 Min. ziehen lassen. Die Suppe durch ein Sieb gießen, ½ Tasse davon mit der Eiersahne mischen und in die übrige Suppe rühren. Mit Salz und Pfeffer würzen und die Suppe nochmals ohne zu kochen erhitzen. Den Lachs zugeben und servieren.

Klassiker auf neue Art/preiswert

Herbstsuppe mit Senf

Für 4–6 Personen
1 Std. Zubereitungszeit
Bei 6 Personen pro Portion ca. 420 kcal

1 Zwiebel
½ Kopf Wirsing (etwa 500 g)
500 g Möhren
1 EL getrockneter Majoran
2 EL Öl
Salz
2 Bio-Äpfel
1 EL Apfelessig
200 g Schmand
3 EL Senf
500 g Fleischwurst

1 Die Zwiebel schälen und fein würfeln. Wirsinghälfte nochmals halbieren, Strunk und dicke Blattrippen herausschneiden. Blätter in Quadrate schneiden, dann im Sieb abspülen. Die Möhren schälen, längs vierteln und in 5 mm dünne Scheiben schneiden.

2 Die Zwiebeln mit dem Majoran bei schwacher Hitze 5 Min. im Öl andünsten. Den tropfnassen Wirsing samt Möhren 2 Min. mitdünsten. 2 l Wasser angießen, salzen und das Gemüse in 15–20 Min. gut bissfest kochen.

3 Inzwischen die Äpfel waschen, samt Schale vierteln, entkernen, in dünne Scheiben schneiden und mit dem Essig vermischen. Den Schmand mit dem Senf verrühren und auf den Tisch stellen.

4 Die Äpfel samt Essig einmal in der Suppe aufkochen und die Fleischwurst dazugeben. Alles zugedeckt 15 Min. neben dem Herd ziehen lassen. Die Wurst pellen, in 4–6 Stücke teilen, jeweils in Scheiben schneiden und auf 4–6 Teller verteilen. Die Herbstsuppe abschmecken und heiß auf die Teller verteilen, am Tisch mit einem Klecks Senfschmand vollenden.

schnell/raffiniert

Kürbissuppe mit Dill

Für 4 Personen
25 Min. Zubereitungszeit
Pro Portion ca. 115 kcal

700 g Hokkaido-Kürbis
1 dicke Zwiebel
2 EL Sonnenblumenöl
1 l Gemüsebrühe
1 Bund Dill
Salz | Pfeffer
2 EL saure Sahne

1 Den Kürbis waschen, putzen und grob würfeln. Die Zwiebel schälen und klein schneiden. Zwiebel- und Kürbisstücke in einem Topf im Öl glasig braten. Die Brühe zugießen, alles aufkochen und 10 Min. köcheln lassen.

2 Den Dill waschen, trocken schütteln und klein schneiden. Die Suppe mit dem Pürierstab pürieren und mit Salz, Pfeffer und saurer Sahne abschmecken. Vor dem Servieren den Dill leicht untermischen.

crossover/für Gourmets

Linsen-Orangen-Suppe

Für 4 Personen | 40 Min. Zubereitungszeit | 4 Std. Einweichen | 40 Min. Garen
Pro Portion ca. 700 kcal

250 g braune Linsen | 8 Bio-Orangen | 1 Knoblauchzehe | ½ TL Fenchelsamen | 4 EL Olivenöl | 150 ml trockener Weißwein (ersatzweise Gemüsebrühe) | ½ l Fischfond (aus dem Glas) | 1 Lorbeerblatt | 1 Bund Basilikum | 300 g weißes Fischfilet | Salz | Pfeffer

1 Linsen im Sieb abspülen. 2 Orangen beiseitelegen, die übrigen auspressen – es sollte ½ l Saft ergeben. Die Linsen im Orangensaft 4 Std. einweichen.

2 Die übrigen Orangen heiß abwaschen, trocknen und die Schale dünn abreiben. Die restliche Schale samt weißer Haut abschneiden und wegwerfen. Die Filets mit einem spitzen Messer zwischen den Häuten herauslösen. Dabei den Saft auffangen. Aus den Orangenresten den Saft herauspressen.

3 Knoblauch schälen, würfeln und mit Fenchel in 1 EL Öl anbraten, mit Wein bzw. Brühe ablöschen. Die Linsen samt Saft, Fischfond, ¼ l Wasser, Orangenschale und Lorbeerblatt dazugeben und in 30–40 Min. bissfest kochen. Basilikum waschen und trocken schütteln, die Blätter grob hacken.

4 Den Fisch in 3 cm breite Streifen teilen, salzen und pfeffern. Streifen im übrigen Öl auf jeder Seite 1 Min. braten und auf 4 Suppenteller verteilen. Basilikum, Orangenfilets und restlichen Saft in die Suppe rühren. Die Suppe salzen, pfeffern und über den Fisch gießen.

herzerwärmend/kinderleicht

Gute alte Kartoffelsuppe

Für 4–6 Personen | 50 Min. Zubereitungszeit
Bei 6 Personen pro Portion ca. 500 kcal

2 Bund Suppengrün | 250 g durchwachsener Speck | 1 kg vorwiegend fest kochende Kartoffeln | 1 EL Öl | ½ TL Kümmelsamen | 1 TL getrockneter Majoran | 1 ½ l Rinder- oder Gemüsebrühe | Salz | Pfeffer | Muskatnuss | 100 g Kräuterbutter

1 Das Suppengrün waschen und putzen bzw. schälen. Wurzelgemüse in 1 cm große Würfel, Lauch in entsprechende Stücke schneiden. Den Speck von der Schwarte befreien und fein würfeln. Die Kartoffeln waschen, schälen und wie das Suppengrün würfeln.

2 Den Speck in einem großen Topf im Öl knusprig braten, herausnehmen und beiseitestellen. Klein geschnittenes Suppengrün mit Kümmel und Majoran im Speckfett 5 Min. andünsten, Brühe und Kartoffeln dazugeben und alles mit der Speckschwarte in 15–20 Min. fast weich kochen.

3 Die Speckschwarte entfernen, die Hälfte der Suppe in einen zweiten Topf schöpfen und dort stampfen. Gestampfte Suppe zurück in den anderen Topf geben und alles mit Salz, Pfeffer und Muskat würzen.

4 Die Kräuterbutter in 4–6 Portionen schneiden, die Suppe nochmals erhitzen und in tiefe Suppenteller verteilen. Je ein Stück Kräuterbutter hineingeben und die gute alte Kartoffelsuppe sofort servieren.

UND DAZU?
Servieren Sie zu dieser deftigen Suppe am besten frisches, knuspriges Bauern- oder Roggenbrot.

mediterran/kinderleicht

Ofentomatensuppe

Für 4 Personen | 25 Min. Zubereitungszeit | 1 Std. Garen
Pro Portion ca. 310 kcal

1 ½ kg reife Eiertomaten | 4 Knoblauchzehen | 1 Bund Basilikum | 100 ml Olivenöl | 2 kleine Scheiben italienisches Weißbrot | 400 ml Gemüsebrühe | Salz | Pfeffer | 1 Prise Zucker | 50 g Parmesan am Stück

1 Die Tomaten waschen, von den Stielansätzen befreien und halbieren. Knoblauch schälen und vierteln. Basilikum waschen und trocken schütteln, Blätter hacken, Stängel beiseitelegen.

2 Den Backofen auf 180° vorheizen. Die Tomaten in einer weiten Form mit 70 ml Öl und Knoblauch mischen und samt den Basilikumstängeln im Ofen (Mitte, Umluft 160°) 1 Std. garen. Dann die Basilikumstängel entfernen und wegwerfen.

3 Brot würfeln und mit den Tomaten samt Garflüssigkeit und Gemüsebrühe im Topf aufkochen. Alles pürieren, durch ein Sieb streichen und erhitzen. Die Suppe mit gehacktem Basilikum verrühren und mit Salz, Pfeffer und Zucker abschmecken. Mit übrigem Öl beträufeln und den Parmesan vor dem Servieren darüberhobeln.

SERVIER-TIPP

Servieren Sie geröstetes italienisches Weißbrot dazu.

vegetarisch/frisch

Grüne Fenchelsuppe (im Bild)

Für 4 Personen | 1 Std. Zubereitungszeit | 1 Std. Auftauen
Pro Portion ca. 320 kcal

250 g pürierter TK-Blattspinat
800 g Fenchelknollen
1 Zwiebel
2 Knoblauchzehen
2 EL Sultaninen
1 EL getrockneter Oregano
6 EL Olivenöl
1 1/4 l Gemüsebrühe
Salz
Pfeffer
50 g Parmesan am Stück

1 Den Blattspinat auftauen lassen. Den Fenchel waschen, putzen und vierteln. Den Strunk jeweils herausschneiden und die Viertel würfeln. Zwiebel und Knoblauch schälen und würfeln. Dann die Sultaninen abspülen.

2 Fenchel, Zwiebel und Knoblauch mit dem Oregano in 2 EL Olivenöl in 5 Min. andünsten. Mit der Gemüsebrühe aufgießen und den Fenchel in 15–20 Min. weich kochen.

3 Den Spinat weitere 5 Min. mitkochen und die Suppe mit Salz und Pfeffer würzen. Etwas abkühlen lassen und im Mixer, in der Küchenmaschine oder mit dem Pürierstab fein pürieren.

4 Die Suppe mit den Sultaninen aufkochen und auf die Teller verteilen. Mit dem restlichen Olivenöl beträufeln und den Parmesan vor dem Servieren darüberhobeln.

gelingt leicht

Italienische Gemüsesuppe

Für 4 Personen | 40 Min. Zubereitungszeit
Pro Portion ca. 315 kcal

200 g kleine Nudeln (z. B. Ditali)
Salz
1 Zwiebel
4 Stangen Staudensellerie
3 Möhren
2 EL Olivenöl
2 EL Tomatenmark
1 l Fleischbrühe
3 kleine Zucchini
2 Knoblauchzehen
Pfeffer
4 EL frisch geriebener Parmesan

1 Nudeln nach Packungsangabe in reichlich kochendem Salzwasser al dente kochen, abgießen, abtropfen lassen und auf 4 tiefe Teller verteilen.

2 Zwiebel schälen, halbieren und in Streifen schneiden. Sellerie und Möhren waschen, putzen bzw. schälen und in Scheiben schneiden. Öl erhitzen, Zwiebel darin glasig werden lassen. Sellerie, Möhren und Tomatenmark dazugeben, 2 Min. schmoren lassen. Die Brühe angießen und 15 Min. köcheln lassen.

3 Zucchini waschen, längs halbieren, in Scheiben schneiden und zugeben. Knoblauch schälen und dazupressen. Die Suppe 10 Min. köcheln lassen und mit Salz und Pfeffer abschmecken.

4 Die Suppe auf die Nudeln in den Tellern schöpfen und mit Parmesan bestreut servieren.

mediterran/vegetarisch

Gratin mit Zucchini und Tomaten

Für 2 Personen | 15 Min. Zubereitungszeit | 30 Min. Backen
Pro Portion ca. 395 kcal

400 g Zucchini | 400 g Tomaten | 2 Knoblauchzehen | 1 rote Zwiebel | 2 EL entsteinte grüne Oliven | 1 TL Kräuter der Provence | 50 g gehackte Mandeln (ersatzweise Mandelstifte) | 50 g frisch geriebener Parmesan | 2 EL Olivenöl | Salz | frisch gemahlener Pfeffer

1 Den Backofen auf 220° (Umluft 200°) vorheizen. Die Zucchini und Tomaten waschen, putzen und in feine Scheiben schneiden. Das Gemüse abwechselnd dachziegelartig in eine flache hitzebeständige Form schichten.

2 Den Knoblauch und die Zwiebel schälen und mit den Oliven fein hacken. Mit den Kräutern der Provence, den Mandeln, dem geriebenen Parmesan und dem Olivenöl mischen und mit Salz und Pfeffer würzen.

3 Die Mandelmischung auf dem Gemüse verteilen und das Gratin im Ofen (Mitte) etwa 30 Min. backen, bis die Oberfläche schön gebräunt ist.

UND DAZU?

Dazu passen frisches Weißbrot oder Vollkornbaguette.

VARIANTE FÜR DEN WINTER

Nehmen Sie im Winter doch statt der Zucchini und den Tomaten Chicorée in feinen Streifen und ersetzen Sie die Mandeln durch gehackte Walnüsse.

herzhaft/preiswert

Mettbällchen auf Sauerkraut

Für 6 Personen | 1 Std. 40 Min. Zubereitungszeit | Pro Portion ca. 560 kcal

400 g Zwiebeln | 800 g Kartoffeln | 3 EL Butterschmalz | 600 g Sauerkraut | ¼ l Brühe (Instant) | 600 g Mett | 4 Eier | 200 g Schmand | Paprikapulver | Salz | Pfeffer | 1 Bund Petersilie

1 Zwiebeln schälen und grob hacken. Kartoffeln schälen und in Scheiben schneiden. Das Butterschmalz in einer großen Pfanne erhitzen. Zwiebeln und Sauerkraut dazugeben und 4–5 Min. anschmoren. Brühe und Kartoffeln dazugeben, Kartoffeln in 15 Min. weich schmoren. Backofen auf 190° vorheizen.

2 Sauerkraut-Mischung ohne Brühe (nach Belieben in einem Sieb abtropfen lassen) in eine ofenfeste Form geben. Aus dem Mett Klößchen formen, auf dem Sauerkraut verteilen. Form verschließen, im Ofen (Mitte, 170° Umluft) etwa 30 Min. schmoren.

3 Eier und Schmand verquirlen, mit Paprika, Salz und Pfeffer würzen und über das Sauerkraut gießen. In der offenen Form im Ofen in 15 Min. stocken lassen. Mit gehackter Petersilie bestreuen.

schnell/vegetarisch

Schupfnudel-auflauf

Für 4 Personen | 25 Min. Zubereitungszeit | 20 Min. Backen
Pro Portion ca. 595 kcal

1 dicke Stange Lauch
1 EL Öl
Salz
Pfeffer
500 g Schupfnudeln (aus dem Kühlregal)
4–5 getrocknete, in Öl eingelegte Tomaten
200 g geriebener Emmentaler
200 g Sahne
Butter für die Form

1 Den Backofen auf 220° (Umluft 200°) vorheizen. Den Lauch putzen, längs aufschlitzen, waschen, in hauchdünne Ringe schneiden und in dem Öl 1–2 Min. anbraten. Salzen und pfeffern.

2 Die Schupfnudeln dazugeben und alles bei mittlerer Hitze 5 Min. weiterbraten. Tomaten klein schneiden und untermischen. Alles in eine gebutterte, ofenfeste Gratinform geben und mit dem Käse bestreuen. Mit der Sahne übergießen und im Ofen (Mitte) in 20 Min. überbacken.

schnell/würzig

Baguette-Auflauf

Für 4 Personen | 15 Min. Zubereitungszeit | 25 Min. Backen
Pro Portion ca. 545 kcal

16 Scheiben Baguette (etwa 220 g)
50 g Kräuterbutter
200 g geräucherte Putenbrust in 16 Scheiben
16 Scheiben Gouda (etwa 150 g)
1 Bund Petersilie
3/8 l Milch
3 Eier
Pfeffer
frisch geriebene Muskatnuss
Fett für die Form

1 Die Baguettescheiben mit der Kräuterbutter bestreichen. Je 1 Scheibe Putenbrust und Gouda auf eine Brotscheibe legen. Die belegten Brotscheiben in einer gefetteten Gratinform schuppenartig einschichten.

2 Die Petersilie waschen, trocken schütteln, die Blättchen abzupfen und fein hacken. Die Milch mit den Eiern verquirlen. Die Petersilie gut unterrühren. Die Milch-Eier-Masse mit Pfeffer und 1 Prise frisch geriebenem Muskat würzen und über die Brote gießen. Im Ofen bei 200° (Mitte, Umluft 180°) etwa 25 Min. backen.

Klassiker auf neue Art

Grüne Lasagne mit Käse

Für 4 Personen | 35 Min. Zubereitungszeit | 40 Min. Backen
Pro Portion 740 kcal

1 kg Tomaten | 1 Zwiebel | 2 Knoblauchzehen | 3 EL Olivenöl | ½ Bund Basilikum | Salz | Pfeffer | je 125 g Mozzarella, Gorgonzola, Fontina und Parmesan | 250 g grüne Lasagneblätter (ohne Vorkochen) | Fett für die Form

1 Die Stielansätze der Tomaten entfernen. Tomaten kurz überbrühen, häuten und fein würfeln. Die Zwiebel und den Knoblauch schälen und hacken. Zusammen in 1 EL Öl andünsten. Die Tomaten zugeben, offen bei mittlerer Hitze 15 Min. köcheln lassen.

2 Basilikum waschen, trocken schütteln und die Basilikumblättchen klein zupfen. Die Tomatensauce mit Salz, Pfeffer und Basilikum würzen. Mozzarella, Gorgonzola und Fontina fein würfeln, Parmesan fein reiben, alle Käsesorten mischen.

3 Den Backofen auf 180° vorheizen. Die Nudelplatten, Tomatensauce und Käse abwechselnd lagenweise in eine ofenfeste, gefettete Gratinform schichten, mit Käse abschließen. Die Lasagne mit dem übrigen Öl beträufeln und im Ofen (Mitte, Umluft 160°) 40 Min. backen.

schmeckt auch kalt/schnell

Gegrillter Spargel mit Tomatensauce

Für 2 Personen
15 Min. Zubereitungszeit
Pro Portion ca. 220 kcal

750 g grüner Spargel
Salz
frisch gemahlener Pfeffer
3 EL Olivenöl
250 g Tomaten
1 kleine rote Zwiebel
½ Bund Basilikum
1 EL Kapern

1 Den Grill des Backofens vorheizen. Den Spargel waschen, nach Bedarf das untere Drittel schälen und die holzigen Enden abschneiden.

2 Spargel in einer flachen hitzebeständigen Form mit Salz, Pfeffer und 2 EL Öl mischen. Im Ofen (oben) unter den Grillschlangen in 10–12 Min. knackig braun grillen. Dabei ein- bis zweimal durchrühren.

3 Inzwischen die Tomaten waschen, putzen und grob würfeln. Die Zwiebel schälen und grob hacken. Basilikum waschen, trocken schütteln und die Blättchen von den Stängeln abzupfen. Die Tomaten, Zwiebel und Basilikum im Blitzhacker mittelfein zerkleinern. Mit dem übrigen Öl und Kapern mischen und mit Salz und Pfeffer abschmecken. Zum heißen oder kalten Spargel mit knusprigem Weißbrot servieren.

Klassiker/schnell

Spaghetti nach Holzfällerart

Für 4 Personen | 40 Min. Zubereitungszeit | Pro Portion ca. 520 kcal

300 g frische Waldpilze (ersatzweise 15 g eingeweichte und ausgedrückte Trockenpilze) | 750 g Tomaten | 1 Zwiebel | 5 Knoblauchzehen | 3 EL Olivenöl | 400 g Spaghetti | Salz | frisch gemahlener Pfeffer | 1 Dose Thunfisch naturell (185 g Inhalt)

1 Die Pilze putzen und klein schneiden. Die Stielansätze der Tomaten entfernen und die Tomaten kurz überbrühen, häuten und klein würfeln. Die Zwiebel und den Knoblauch schälen und fein hacken.

2 Das Öl erhitzen, die Pilze darin bei starker Hitze anbraten, bis alle Flüssigkeit verdampft ist. Zwiebel und Knoblauch bei schwacher Hitze 5 Min. mitbraten. Die Tomatenwürfel untermischen und offen 15 Min. leise köcheln lassen.

3 Die Nudeln nach Packungsangabe in reichlich kochendem Salzwasser al dente kochen. Die Sauce mit Salz und Pfeffer würzen, den Thunfisch samt Sud unterrühren, dabei etwas zerkrümeln. Die Nudeln abgießen, abtropfen lassen und auf Teller verteilen. Die Pilzsauce darüber verteilen und servieren.

frühjahrsfrisch / würzig

Tagliatelle mit Kalbsklößchensauce

Für 4 Personen
30 Min. Zubereitungszeit
Pro Portion ca. 945 kcal

2 Schalotten
500 g rohe Kalbsbratwürste (ersatzweise Kalbsbrät)
2 EL Butterschmalz
100 ml Weißwein (ersatzweise Fond und 2 EL Zitronensaft)
150 ml Kalbsfond (aus dem Glas)
200 g Sahne
400 g grüne Tagliatelle
Salz
je 40 g Kerbel, Sauerampfer und Estragon
1 EL Senf
Pfeffer

1 Die Schalotten schälen und fein würfeln. Das Wurstbrät aus der Pelle drücken und zu walnussgroßen Bällchen formen.

2 Das Butterschmalz in einer Pfanne erhitzen, die Brätbällchen darin in 3–5 Min. rundherum hellbraun anbraten, herausnehmen und beiseitestellen. Im Bratfett die Schalotten glasig dünsten. Den Wein, den Fond und die Sahne zugießen und offen bei mittlerer Hitze in 5–10 Min. einkochen lassen, bis die Sauce leicht cremig wird.

3 Inzwischen die Nudeln nach Packungsangabe in reichlich kochendem Salzwasser al dente kochen. Die Kräuter waschen, trocken schütteln und fein hacken. Den Senf und die gehackten Kräuter in die Sauce rühren, die Brätklößchen zugeben und etwa 5 Min. bei schwacher Hitze offen köcheln lassen. Mit Salz und Pfeffer abschmecken. Die Nudeln abgießen, abtropfen lassen und mit der Sauce servieren.

TAUSCH-TIPP

Zu dieser Sauce passen auch prima Papardelle oder Spätzle.

asiatisch/gelingt leicht

Gebratene Nudeln mit Huhn

Für 4 Personen
30 Min. Zubereitungszeit
Pro Portion ca. 560 kcal

250 g Hähnchenbrustfilet
2 EL Sojasauce
ein paar Tropfen Chiliöl
(ersatzweise Cayennepfeffer)
Salz
300 g chinesische Eiernudeln
(Mie-Nudeln)
1 Bund Frühlingszwiebeln
1 rote Paprikaschote
150 g Zuckerschoten
6 EL Öl
1/8 l Hühnerbrühe

1 Das Fleisch waschen und trocken tupfen. Dann in Streifen schneiden und mit Sojasauce und Chiliöl würzen.

2 Reichlich Wasser mit Salz zum Kochen bringen. Die Nudeln hineingeben und ohne Hitze etwa 4 Min. ziehen lassen. Abgießen, kalt abschrecken und in einem Sieb gut abtropfen lassen.

3 Das Gemüse waschen und putzen. Die Paprikaschote und die Frühlingszwiebeln längs in Streifen, die Zuckerschoten schräg in 3 cm lange Stücke schneiden.

4 Den Wok erhitzen. 2 EL Öl hineingeben und die Nudeln darin einige Minuten braten. Herausnehmen und weitere 2 EL Öl im Wok erhitzen. Die Hühnerstreifen darin etwa 2 Min. braten. Dann ebenfalls herausnehmen.

5 Das restliche Öl erhitzen und das Gemüse darin in etwa 4 Min. bissfest braten. Fleisch dazugeben, mit der Brühe ablöschen und salzen. Die Nudeln untermischen und heiß werden lassen.

SERVIER-TIPP

Schneiden Sie zusätzlich 1 Frühlingszwiebel nach dem Waschen und Putzen in feine Ringe und bestreuen das fertige Gericht damit nach Belieben – so haben Sie gleich eine tolle Dekoration.

würzig/preiswert

Schinkennudeln

Für 4 Personen
20 Min. Zubereitungszeit
Pro Portion ca. 685 kcal

400 g Bucatini (ersatzweise Spaghetti)
Salz
1 Bund Frühlingszwiebeln
200 g roh geräucherter Schinken
1 EL Butter
125 g Sahne
Cayennepfeffer

1 Die Nudeln in reichlich kochendem Salzwasser al dente kochen. Inzwischen die Frühlingszwiebeln putzen und waschen. In etwa 5 cm lange Stücke, dann in Streifen schneiden. Den Schinken ebenfalls in mundgerechte Streifen schneiden.

2 Die Butter in einer Pfanne erhitzen, dann die Frühlingszwiebeln und den Schinken darin andünsten. Die Sahne angießen und alles bei schwacher Hitze ziehen lassen. Mit wenig Salz und 1 Prise Cayennepfeffer abschmecken. Die Nudeln abgießen, abtropfen lassen und mit der Schinkensahne gut vermischen.

gelingt leicht/würzig

Spaghetti mit Schnippelbohnen

Für 4 Personen
30 Min. Zubereitungszeit
Pro Portion ca. 640 kcal

400 g breite grüne Bohnen
Salz
1–2 rote Chilischoten
2 Knoblauchzehen
½ Bund Petersilie
500 g Spaghetti
2 EL Pinienkerne
4 EL Olivenöl
100 g frischer Ricotta

1 Die Bohnen waschen, von den Enden befreien und eventuell entfädeln. Die Bohnen dann in kochendem Salzwasser in 8–10 Min. bissfest garen. Abgießen und kalt abschrecken.

2 Die Chilischoten waschen, entstielen und in feine Ringe schneiden. Den Knoblauch schälen und fein hacken. Die Petersilie waschen, trocken schütteln und ebenfalls fein hacken. Die abgetropften Bohnen schräg in schmale Streifen schneiden.

3 Für die Nudeln reichlich Wasser zum Kochen bringen und gut salzen. Die Nudeln darin nach Packungsangabe al dente kochen.

4 Gleichzeitig Pinienkerne in 1 EL Öl goldgelb rösten, auf einen Teller geben. Die Bohnen im übrigen Öl leicht braun braten. Chili und Knoblauch kurz mitbraten. Die Bohnen salzen und die Petersilie untermischen. Den Ricotta in kleine Stücke zerbröckeln. Die Nudeln abgießen, abtropfen lassen, mit den Bohnen vermengen. Die Bohnen-Nudeln mit den Ricottastückchen belegen, mit Pinienkernen bestreuen und gleich servieren.

würzig/preiswert

Spaghetti mit Gorgonzolasauce

Für 4 Personen | 35 Min. Zubereitungszeit | Pro Portion ca. 740 kcal

1 junger Zucchino | 1 Stück Kürbis (etwa 150 g) | 2 Frühlingszwiebeln | 200 g Gorgonzola | 400 g Spaghetti | Salz | 1 EL Öl | 200 g Sahne | 1/8 l Gemüsebrühe | frisch gemahlener Pfeffer | 2 Stängel Petersilie

1 Den Zucchino waschen, den Kürbis schälen und von den Kernen befreien. Beides erst in Scheiben, dann in feine Stifte schneiden. Die Frühlingszwiebeln waschen, putzen und mit dem Grün in feine Ringe schneiden. Den Gorgonzola grob würfeln. Für die Nudeln reichlich Wasser zum Kochen bringen und salzen. Die Nudeln darin nach Packungsangabe al dente kochen.

2 Gleichzeitig Öl in einer Pfanne erhitzen und das Gemüse und die Zwiebeln darin unter Rühren bei mittlerer Hitze 3–4 Min. dünsten. Gorgonzola, Sahne und Brühe hinzufügen und bei schwacher Hitze den Käse schmelzen lassen. Die Sauce mit Salz und Pfeffer abschmecken.

3 Die Petersilie waschen, trocken schütteln und fein hacken. Nudeln abgießen, abtropfen lassen und mit der Gorgonzolasauce mischen. Mit der Petersilie bestreuen.

preiswert/gelingt leicht

Makkaroni mit Brokkoli-Haselnuss-Sauce (im Bild)

Für 4 Personen
35 Min. Zubereitungszeit
Pro Portion ca. 730 kcal

100 g Haselnusskerne
500 g Brokkoli
1 l Gemüsebrühe
1 Zwiebel
1 rote Chilischote nach Belieben
2 EL Olivenöl
400 g Makkaroni
Salz
100 g Mascarpone
Pfeffer
frisch geriebene Muskatnuss

1 Den Backofen auf 220° vorheizen. Die Haselnüsse darin auf dem Backblech (Mitte) 3–5 Min. rösten. Abkühlen lassen und die Häutchen abreiben, die Nüsse dann grob mahlen.

2 Den Brokkoli waschen, putzen, in Röschen brechen und die Stiele in Stifte schneiden. Die Brühe erhitzen und die Brokkolistiele darin 5 Min. zugedeckt kochen, die Röschen zugeben und weitere 5–8 Min. kochen, bis die Röschen weich sind.

3 Inzwischen die Zwiebel schälen und würfeln. Nach Belieben die Chilischote entkernen und fein hacken. Das Öl erhitzen, die Zwiebelwürfel darin braun dünsten, Chili eventuell dazugeben und kurz mitdünsten.

4 Die Nudeln in reichlich kochendem Salzwasser nach Packungsangabe al dente kochen.

5 Den Brokkoli abgießen und die Brühe dabei auffangen. Den Brokkoli mit den Chili-Zwiebeln und 150 ml Brühe pürieren. Den Mascarpone und die Haselnüsse unterrühren, kurz erwärmen und mit Salz, Pfeffer und Muskat würzen. Die Nudeln abgießen, kurz abtropfen lassen und mit der Sauce servieren.

vegetarisch/herzhaft

Fusilli mit Sojacreme provençale

Für 4 Personen
15 Min. Zubereitungszeit
Pro Portion ca. 605 kcal

200 g Tofu
je 5 grüne und schwarze Oliven
1 Knoblauchzehe
1 TL Kräuter der Provence
¼ TL Currypulver
3 EL Tomatenmark
8 EL Olivenöl
Salz
Pfeffer
400 g Fusilli

1 Den Tofu in grobe Stücke schneiden. Die Oliven entsteinen und etwas zerteilen. Den Knoblauch schälen und grob hacken.

2 Den Tofu, die Oliven und den Knoblauch mit den Kräutern der Provence, Currypulver, Tomatenmark und Olivenöl pürieren. Kräftig salzen und pfeffern.

3 Für die Nudeln reichlich Wasser in einem Topf aufkochen und gut salzen. Die Nudeln darin nach Packungsangabe al dente kochen. Abgießen, kurz abtropfen lassen und mit der Creme servieren.

TIPP

Nicht nur zu Nudeln spitze: Die Creme eignet sich auch prima als Brotaufstrich oder als Dip für Cracker oder Tortillachips. Die Sojacreme hält sich mit etwas Öl bedeckt mehrere Tage im Kühlschrank.

Klassiker auf neue Art / leicht

Möhrenrisotto

Für 4 Personen | 30 Min. Zubereitungszeit
Pro Portion ca. 515 kcal

800 ml Gemüsebrühe | 500 g Möhren | 3 Zwiebeln | 1 Knoblauchzehe | 2 EL Olivenöl | 350 g Rundkornreis | 50 g Parmesan | 1 Bund Kerbel | 100 g Sahne | Salz | Pfeffer

1 Die Gemüsebrühe in einem Topf erhitzen und leicht kochen lassen.

2 Die Möhren schälen und in kleine Würfel schneiden. Die Zwiebeln und den Knoblauch schälen und fein hacken. In einem großen Topf die Zwiebeln und den Knoblauch im heißen Öl andünsten, die Möhren zufügen und kurz mitdünsten.

3 Dann den Reis zugeben, kurz anbraten und mit etwas kochender Geflügelbrühe ablöschen. Innerhalb von etwa 15 Min. bei mittlerer Hitze garen, dabei nach und nach die Brühe zugießen und gelegentlich umrühren.

4 Den Parmesan reiben, Kerbel waschen, trocken schütteln und hacken. Mit der Sahne unter das Risotto rühren und mit Salz und Pfeffer abschmecken.

fruchtig/preiswert

Apfel-Kichererbsen-Curry

Für 4 Personen | 30 Min. Zubereitungszeit
Pro Portion ca. 550 kcal

300 g Zwiebeln
3 Äpfel
1 Dose Kichererbsen (400 g Inhalt)
1 EL Öl
1 Tasse Gemüsebrühe (Instant)
¼ Block Kokoscreme
Salz
Pfeffer
3 TL Currypulver
Koriandergrün nach Belieben

1 Die Zwiebeln schälen und hacken. Äpfel waschen, vierteln und die Kerngehäuse entfernen. Apfelviertel in Spalten schneiden. Die Kichererbsen in einem Sieb abspülen und gut abtropfen lassen.

2 Das Öl erhitzen, die Zwiebeln zugeben und in 8 Min. weich schmoren. Sobald sie etwas Farbe annehmen, die Äpfel dazugeben und 3–4 Min. braten. Mit der Brühe ablöschen. Die Kokoscreme in die Brühe reiben und köcheln lassen, bis sie sich löst.

3 Apfel-Zwiebel-Mischung mit Salz, Pfeffer und Curry abschmecken. Die Kichererbsen untermischen, heiß werden lassen. Nach Belieben mit Koriandergrün garnieren.

UND DAZU?

Servieren Sie zu dem fruchtigen Curry einen mit Kurkuma gewürzten Reis.

preiswert/vegetarisch

Reispuffer mit Pfannengemüse

(Titelbild)

Für 4 Personen | 30 Min. Zubereitungszeit
Pro Portion ca. 580 kcal

3 Eier (Größe M)
⅛ l Milch
3 EL Mehl
1 Bund Frühlingszwiebeln
100 g geraspelter Gouda
300 g gekochter Risottoreis (aus 100 g rohem Reis)
1 TL Kräuter der Provence
Salz
Pfeffer
800 g TK-Pfannengemüse
1 EL Tomatenmark
200 ml Gemüsebrühe
Öl zum Braten

1 Eier mit Milch und Mehl glatt rühren. Frühlingszwiebeln waschen, putzen und klein würfeln. Mit Käse und gekochtem Reis unter die Eiermilch rühren. Mit Kräutern, Salz und Pfeffer würzen.

2 Öl in einer Pfanne erhitzen. Mit einem Esslöffel kleine Teigportionen hineinsetzen und in 5–6 Min. von beiden Seiten kleine Puffer backen.

3 Gleichzeitig das gefrorene Gemüse in einem breiten Topf bei starker Hitze 4 Min. anbraten. Tomatenmark einrühren, mit der Brühe ablöschen. Zugedeckt bei mittlerer Hitze in 6 Min. sämig schmoren. Das Gemüse zu den Puffern servieren.

TAUSCH-TIPP

Auch klasse schmecken die Reispuffer mit Ratatouille oder einer klassischen Tomatensauce.

zum Kinderkochen/würzig

Käsespätzle

Für 3–4 Personen
40 Min. Zubereitungszeit
Bei 4 Personen pro Portion ca. 410 kcal

250 g Mehl
Salz
2 Eier
120 g Hartkäse (z. B. Bergkäse, Emmentaler Käse)
1 Bund Frühlingszwiebeln
1 EL Butter
Spätzlehobel

1 Das Mehl mit ½ TL Salz in einer Schüssel mischen. Die Eier dazugeben, nach und nach 220 ml Wasser dazugießen und den Teig mit dem Handrührgerät ganz glatt rühren.

2 Den Käse reiben. Die Zwiebeln waschen, putzen und in feine Ringe schneiden. In einer beschichteten Pfanne die Butter erhitzen und die Zwiebelringe darin hellbraun anbraten.

3 In einem großen Topf reichlich Wasser zum Kochen bringen und 2 TL Salz zugeben. Den Backofen auf 120° vorheizen. Eine feuerfeste Schüssel, die Zwiebelringe und den geriebenen Käse bereitstellen.

4 Nun den Spätzlehobel über den Topf legen, portionsweise befüllen und durch das Hin- und Herbewegen des »Teigtanks« Teigtröpfchen ins kochende Wasser fließen lassen. Falls der Teig zu dickflüssig ist, etwas Wasser untermischen.

5 Die Spätzle so lange kochen, bis alle an der Wasseroberfläche schwimmen. Mit einem Schaumlöffel herausheben und in der Schüssel verteilen. Etwas Käse und Zwiebeln darauf verteilen und die nächste Portion Spätzle zubereiten. Wieder einschichten und so mit dem restlichen Teig verfahren. Auf die letzte Portion Spätzle die restlichen Zwiebeln und den restlichen Käse verteilen.

6 Die Spätzle etwa 15 Min. im Backofen durchziehen lassen und dann servieren.

crossover/kinderleicht

Kartoffelpizza

Für 4 Personen | 30 Min. Zubereitungszeit | 30 Min. Backen
Pro Portion ca. 640 kcal

700 g mehlig kochende Kartoffeln
Salz
100 g getrocknete Tomaten in Öl
1 Gemüsezwiebel
2 Knoblauchzehen
300 g Fetakäse
200 g Mehl
2 TL Backpulver
4 Eier
2 EL Öl
je 2 TL getrockneter Rosmarin und Oregano
Pfeffer
Fett für die Form

1 Kartoffeln schälen, eventuell kleiner schneiden und in Salzwasser in etwa 20 Min. gar kochen. Inzwischen Tomaten in Streifen schneiden. Zwiebel und Knoblauch schälen, in dünne Scheiben schneiden. Käse raspeln. Ofen auf 200° (Umluft 180°) vorheizen.

2 Kartoffeln abgießen und zerdrücken. Mehl, Backpulver, ½ TL Salz und Eier unter die Kartoffeln mischen. Eine Springform einfetten, den Teig darin verteilen. Mit Öl beträufeln, Kräuter darüberstreuen, mit Zwiebeln, Knoblauch, Tomaten und Käse belegen. Etwa 30 Min. im Ofen (Mitte) backen.

würzig/Seelentröster

Cajun-Kartoffelwedges

Für 4 Personen | 10 Min. Zubereitungszeit | 25 Min. Backen
Pro Portion ca. 305 kcal

1 kg fest kochende Kartoffeln
6 EL Öl
3 EL Cajun-Gewürz (ersatzweise 2 TL Paprikapulver, 1 TL Cayennepfeffer, ½ TL weißer Pfeffer, 2 TL Thymian)
2 Knoblauchzehen
Salz
Pfeffer
Backpapier für das Blech

1 Den Ofen auf 220° (Umluft 200°) vorheizen. Die Kartoffeln waschen und vierteln. Öl und Cajun-Gewürz in einer Schüssel verrühren. Den Knoblauch schälen und dazupressen.

2 Kartoffeln mit der Marinade mischen. Auf ein Blech mit Backpapier geben und im Backofen (Mitte) 20–25 Min. backen. Vor dem Servieren mit Salz und Pfeffer würzen.

schmeckt auch kalt/herzhaft

Kürbisfrittata

Für 4 Personen
1 Std. Zubereitungszeit
Pro Portion ca. 480 kcal

400 g Zwiebeln
3 Knoblauchzehen
600 g Kürbisfleisch
150 g Blauschimmelkäse
3 EL Öl
Salz
Pfeffer
6 Eier
200 g Schmand

1 Zwiebeln und Knoblauch schälen und fein hacken. Kürbis mittelgrob raspeln. Blauschimmelkäse klein würfeln oder zerkrümeln.

2 2 EL Öl erhitzen, die Zwiebeln darin in 6–8 Min. weich schmoren. Knoblauch dazugeben, 1 Min. weiterschmoren. Den Kürbis dazugeben und 4 Min. unter Rühren braten. In eine Schüssel geben, salzen, pfeffern und abkühlen lassen.

3 Eier mit Salz, Pfeffer und Schmand verquirlen. Mit der Kürbismasse mischen. 1 EL Öl erhitzen, Masse in die Pfanne geben, bei mittlerer Temperatur in 15 Min. stocken lassen.

4 Sobald die Masse fast fest ist, den Blauschimmelkäse darüberstreuen. Die Pfanne zudecken und den Käse in 3–4 Min. schmelzen lassen.

UND DAZU?

Dazu passt Tomatensalat.

exotisch/preiswert

Tandoori-Bratkartoffeln

Für 4 Personen | 40 Min. Zubereitungszeit
Pro Portion ca. 220 kcal

800 g Kartoffeln
2 TL Sesamsamen
2 EL Öl
2 EL Butter
Salz
Pfeffer
2 TL Tandoori Masala

1 Kartoffeln in 30 Min. gar kochen. Abkühlen lassen.

2 Sesam in einer trockenen Pfanne rösten, bis er duftet, abkühlen lassen. Kartoffeln pellen und in mundgerechte Würfel schneiden.

3 Öl und Butter in einer Pfanne erhitzen, Kartoffelwürfel kräftig darin anbraten. Salzen, pfeffern, mit Tandoori Masala und Sesam bestreut servieren.

UND DAZU?
Servieren Sie dazu asiatische Spiegeleier und japanischen Gurkensalat. Dafür pro Person 2 Spiegeleier in Butter braten, auf jedes Eigelb 1 TL Austernsauce träufeln und vorsichtig miteinander vermischen. Für den Gurkensalat 1 TL Sesam trocken rösten. 1 große Gurke schälen, halbieren, entkernen und in Stifte schneiden. Salzen, pfeffern, mit 2 EL Reisessig und 3 TL Sojasauce mischen, zugedeckt etwa 15 Min. ziehen lassen und mit dem Sesam bestreut servieren.

gelingt leicht/würzig

Eier in Senf-Mais-Sauce

Für 4 Personen | 20 Min. Zubereitungszeit
Pro Portion ca. 580 kcal

40 g Butter
1 Zwiebel
30 g Mehl
½ l Milch
8 Eier
1 Dose Maiskörner (340 g Abtropfgewicht)
1 Bund Estragon
2 EL Dijon-Senf
Salz
schwarzer Pfeffer
Muskatnuss

1 Die Butter in einem Topf erhitzen. Die Zwiebel schälen, fein würfeln und in der Butter glasig dünsten. Mehl darüberstäuben und anschwitzen. Mit Milch ablöschen und unter gelegentlichem Rühren etwa 8 Min. köcheln lassen.

2 Inzwischen einen Fingerbreit Wasser in einem Topf aufkochen lassen. Eier anstechen und zugedeckt im Wasser etwa 5 Min. kochen. Den Mais abtropfen lassen. Den Estragon waschen, trocken schütteln und hacken.

3 Die Eier abschrecken und schälen. Den Mais in der Sauce erhitzen, den Senf einrühren und mit Salz, Pfeffer und Muskat würzig abschmecken.

4 Die Eier halbieren und in die Sauce geben. Die Eier mit Estragon bestreut servieren.

UND DAZU?
Servieren Sie Kartoffelpüree oder Reis dazu.

gelingt leicht/schnell

Grüne Bohnen mit Grillkäse

Für 2 Personen | 15 Min. Zubereitungszeit
Pro Portion ca. 510 kcal

1 Zwiebel
4 EL Olivenöl
300 g grüne Bohnen (TK)
1 TL Fenchelsamen (ersatzweise Kräuter der Provence)
1 Dose Pizzatomaten (400 g Inhalt)
1 EL schwarze Oliven
Salz
frisch gemahlener Pfeffer
1 Prise Zucker
200 g Schafkäse (Feta)

1 Die Zwiebel schälen, vierteln und in Streifen schneiden. In einem Topf 2 EL Öl erhitzen, Zwiebel mit Bohnen und Fenchelsamen darin unter Rühren kurz anbraten.

2 Die Tomaten mit 50 ml Wasser dazugießen, die Oliven untermischen. Mit Salz, Pfeffer und Zucker würzen. Das Gemüse zugedeckt 8–10 Min. bei mittlerer Hitze dünsten. Zwischendurch umrühren.

3 Inzwischen den Backofengrill vorheizen. Den Käse in 6 Stücke schneiden, nebeneinander in eine ofenfeste Form legen. Mit dem übrigen Öl beträufeln und im Ofen (oben) unter den Grillschlangen in etwa 4 Min. leicht bräunen. Den gegrillten Käse zum Bohnengemüse servieren.

UND DAZU?

Dazu passt besonders gut Fladenbrot mit Sesam.

gelingt leicht/preiswert

Kohlrabi mit Lauchsauce

Für 2 Personen | 15 Min. Zubereitungszeit
Pro Portion ca. 110 kcal

2 Kohlrabi
Salz
1/8 l Gemüsebrühe
200 g TK-Lauchringe
1 TL scharfer Senf
2 EL Crème fraîche
frisch gemahlener Pfeffer
1 Prise gemahlener Kümmel
1 TL Zitronensaft
3 große Stängel Petersilie

1 Die Kohlrabi schälen, vierteln und in knapp 1 cm dicke Scheiben schneiden. Mit 150 ml Wasser und Salz in einem Topf zugedeckt bei mittlerer Hitze in etwa 8 Min. bissfest garen.

2 Inzwischen Brühe mit Lauch zum Kochen bringen und ebenfalls 8 Min. bei mittlerer Hitze kochen.

3 Den Senf mit der Crème fraîche unter den Lauch rühren und mit Salz, Pfeffer, Kümmel und dem Zitronensaft abschmecken. Die Petersilie waschen und trocken schütteln. Die Blättchen abzupfen, fein hacken und unter die Lauchsauce mischen. Den Kohlrabi abtropfen lassen und auf Teller verteilen. Die Sauce darübergeben und servieren.

UND DAZU?

Servieren Sie zu den Kohlrabi mit Lauchsahne frische Laugenbrezeln oder Kartoffelpüree.

schnell/vegetarisch

Gemüsepuffer mit frischem Birnenmus

Für 4 Personen | 30 Min. Zubereitungszeit | Pro Portion ca. 440 kcal

400 g Kartoffeln | 250 g Möhren | 400 g Zucchini | 2 Eier (Größe M) | 300 g Magerquark | 100 g Weizen-Vollkornmehl | Salz | Pfeffer | 1 kg reife Birnen (Abate Fetel) | 2 EL Zitronensaft | 2 Msp. Nelkenpulver | Zucker nach Bedarf | Öl zum Braten

1 Kartoffeln und Gemüse waschen, schälen bzw. putzen. Auf der Gemüsereibe grob raspeln. Mit Eiern, 4 EL Quark und so viel Mehl mischen, dass die Masse gebunden ist. Mit Salz und Pfeffer würzen.

2 Für das Birnenmus Birnen schälen und ohne Kerngehäuse fein raspeln, sofort den Zitronensaft unterrühren. Restlichen Quark und Nelkenpulver untermischen und nach Geschmack süßen.

3 In einer Pfanne etwas Öl erhitzen. Aus der Gemüsemasse portionsweise 12 Puffer bei mittlerer Hitze etwa 6 Min. pro Seite braten. Heiß mit dem Mus servieren.

TIPP

Das Birnenmus schmeckt auch zu reinen Kartoffelpuffern.

herzhaft/gelingt leicht

Blitzgulasch mit Sauerkraut

Für 2 Personen | 15 Min. Zubereitungszeit | Pro Portion ca. 310 kcal

300 g Schweinefilet | ½ EL Butter | ½ EL Öl | 100 g TK-Lauchringe | 250 g gegartes Sauerkraut (aus der Dose oder Folie) | ⅛ l Fleischbrühe | Salz | 1 TL edelsüßes Paprikapulver | 2 EL saure Sahne | 1 EL TK-Schnittlauch

1 Das Schweinefilet trocken tupfen und in etwa 1 cm große Würfel schneiden. Die Butter und das Öl in einem Topf erhitzen. Das Fleisch darin bei starker Hitze rundherum anbraten.

2 Die Lauchringe untermischen und kurz mitbraten. Das Sauerkraut auflockern und mit der Fleischbrühe dazugeben. Mit Salz und Paprikapulver abschmecken und zugedeckt bei schwacher Hitze etwa 8 Min. schmoren.

3 Das Gulasch mit Salz und eventuell noch mehr Paprika abschmecken. Saure Sahne mit dem Schnittlauch verrühren. Gulasch auf Teller verteilen, mit je einem Klecks saurer Sahne garnieren.

UND DAZU?

Dazu passen frisches Bauernbrot oder Kartoffelpüree.

herzhaft/preiswert

Geschnetzeltes in Senfsahne

Für 4 Personen
40 Min. Zubereitungszeit
Pro Portion ca. 410 kcal

400 g Putenbrust
200 g Zwiebeln
200 g Champignons
2 EL Öl
100 ml Brühe (Instant)
200 g Sahne
60 ml Sherry medium
(ersatzweise Brühe)
4 EL Senf
Salz
Pfeffer

1 Putenbrust waschen, trocken tupfen und in Streifen schneiden. Zwiebeln schälen, längs halbieren, in Streifen schneiden. Champignons putzen, je nach Größe halbieren oder vierteln.

2 1 EL Öl erhitzen, die Zwiebeln darin in 7–8 Min. glasig schmoren. An den Pfannenrand schieben, restliches Öl in die Pfanne geben und erhitzen. Putenstreifen darin 4–5 Min. braten. Pilze dazugeben, weitere 3–4 Min. unter Rühren braten.

3 Die Brühe mit Sahne, mit Sherry nach Belieben und mit Senf verrühren, über das Geschnetzelte geben. Die Sauce salzen und pfeffern.

UND DAZU?

Dazu passen Rösti (tiefgekühlt oder selbst gemacht), Reis, Spätzle oder Nudeln.

VARIANTE – SCHNITZEL MIT GEMÜSESALSA

3 Zwiebeln schälen und würfeln, je 2 kleine Zucchini und Möhren putzen und klein würfeln. Die Zwiebeln in 2 EL Öl weich schmoren, mit 2 TL gemahlenem Cumin (Kreuzkümmel) bestäuben, Möhren dazugeben, 5 Min. braten. Zucchini 3 Min. mitbraten, mit 400 g Pizzatomaten (aus der Dose) ablöschen, salzen und pfeffern, ½ Tube Tomatenmark dazugeben. Alles 5 Min. köcheln lassen. Inzwischen 4 Schnitzel (Pute, à 120 g) in 1 EL Öl von beiden Seiten braten. Mit Bandnudeln zur Gemüsesalsa servieren.

würzig/für Gäste

Kalbsfilet mit Gorgonzolasahne

Für 4 Personen | 40 Min. Zubereitungszeit
Pro Portion ca. 980 kcal

250 g Möhren | 300 g Lauch | 3 EL Butter | Salz | Pfeffer | 1/8 l Kalbsfond (aus dem Glas) | 250 g Bandnudeln | 600 g Kalbsfilet in Scheiben | 3 EL Butterschmalz | 300 g Sahne | 200 g zerbröckelter Gorgonzola

1 Die Möhren schälen und in sehr dünne, 1 cm breite Streifen schneiden. Den Lauch quer halbieren und waschen, in dünne Streifen schneiden. Das Gemüse in einem breiten Topf in der Butter 3 Min. andünsten. Mit Salz und Pfeffer würzen, Fond angießen und bei schwacher Hitze 5 Min. garen.

2 Die Nudeln in Salzwasser al dente garen, abgießen, abtropfen lassen und unter das Gemüse mischen.

3 Das Fleisch pfeffern und im heißen Schmalz braun braten, herausnehmen, salzen und warm stellen. Das Bratfett abgießen, die Sahne in der Pfanne etwas einkochen. Den Käse darin schmelzen lassen. Dann das Fleisch darin erwärmen und mit den Gemüsenudeln anrichten.

BLITZ-TIPP

Frisches Gemüse durch TK-Buttergemüse ersetzen.

VARIANTE FÜR GESUNDHEITSBEWUSSTE

Statt normaler Pasta Vollkornnudeln kochen und für den Extra-Gesundheits-Kick reichlich gehackte Petersilie in die Sauce rühren.

fruchtig/preiswert

Leber mit Pflaumen-Zwiebeln

Für 4 Personen
45 Min. Zubereitungszeit
Pro Portion ca. 340 kcal

500 g Hähnchenleber
300 g Zwiebeln
2 EL Öl
½ Glas Pflaumenmus
150 ml Brühe (Instant)
150 ml Orangensaft
Salz
Pfeffer
2 TL gemahlener Ingwer
¼ TL Cayennepfeffer

1 Bei den Lebern die Sehnen und Häute entfernen, die Lebern kurz kalt abspülen. Dann mit Haushaltspapier trocken tupfen.

2 Zwiebeln schälen, in feine Streifen schneiden, in 1 EL Öl in 8 Min. weich schmoren. Pflaumenmus dazugeben und kräftig durchschmoren. So viel Brühe und Saft dazugeben, dass eine sämige Sauce entsteht. Salzen, pfeffern. Mit Ingwer und Cayennepfeffer pikant abschmecken, beiseitestellen.

3 In einer anderen Pfanne 1 EL Öl erhitzen, Lebern von jeder Seite 2 Min. braten, salzen, pfeffern. Mit der Zwiebel-Pflaumen-Sauce anrichten.

UND DAZU?
Servieren Sie zu diesem Gericht Kartoffelpüree.

orientalisch / würzig

Putenpuffer

Für 4 Personen | 40 Min. Zubereitungszeit
Pro Portion ca. 215 kcal

200 g Putenfleisch
500 g Bundmöhren
2 Stängel Zitronengras (ersatzweise
½ TL Zitronengraspulver oder -paste)
2 Knoblauchzehen
4 EL feine Haferflocken
2 Eier | Sojasauce
Salz | Pfeffer
1 Bund Koriandergrün
150 g saure Sahne
Butterschmalz zum Braten

1 Das Putenfleisch fein zerkleinern (mit Hilfe einer Küchenmaschine, eines Fleischwolfs oder eines Blitzhackers). Arbeitsgeräte danach gründlich reinigen.

2 Die Möhren waschen, putzen und schälen, auf der feinen Gemüsereibe raspeln. Zitronengras waschen, in feine Scheiben schneiden. Den Knoblauch schälen und fein würfeln. Das Fleisch mit den Möhrenraspeln, Zitronengras, der Hälfte des Knoblauchs, Haferflocken und Eiern vermengen. Mit Sojasauce, Salz und Pfeffer abschmecken.

3 Den Koriander waschen, trocken schütteln, die Blättchen abzupfen und fein hacken. Die saure Sahne glatt rühren und mit Koriander, Salz, Pfeffer und restlichem Knoblauch würzen.

4 In einer beschichteten Pfanne Fett erhitzen. Je 1 EL Puffermasse darin bei mittlerer Hitze von beiden Seiten goldbraun braten. Mit der Koriandersahne servieren.

gut vorzubereiten / fruchtig

Gefüllte Zucchini

Für 4 Personen | 1 Std. 10 Min. Zubereitungszeit
Pro Portion ca. 605 kcal

100 g getrocknete Aprikosen
150 g Wildreis
400 ml Gemüsebrühe (Instant)
1 Zwiebel
50 g Walnusskerne
1 EL Butter oder Margarine
200 g Rinderhackfleisch
Salz
frisch gemahlener Pfeffer
½ TL getrockneter Thymian
800 g Zucchini (möglichst 1 großer Zucchino)
250 g Mozzarella

1 Die Aprikosen fein würfeln, mit Wildreis und Gemüsebrühe aufkochen und bei mittlerer Hitze etwa 40 Min. quellen lassen.

2 Inzwischen die Zwiebel schälen und fein würfeln. Die Nüsse hacken. Das Fett erhitzen und die Zwiebel und Nüsse darin anbraten. Das Fleisch mit etwas Salz, Pfeffer und Thymian dazugeben und knusprig braun braten.

3 Den Backofen auf 200° vorheizen. Zucchino waschen, längs halbieren und die Kerne mit einem Löffel herausheben. Den Reis mit dem Fleisch mischen und in die Zucchinihälften füllen. Mozzarella in dünne Scheiben schneiden und darauflegen. Die Zucchinihälften auf das Blech legen und im Backofen (unten, Umluft 180°) etwa 20 Min. überbacken. Das fertige Gericht mit Pfeffer übermahlen.

macht was her

Wirsingpäckchen

Für 4 Personen
1 Std. Zubereitungszeit
Pro Portion ca. 350 kcal

Salz
1 mittelgroßer Wirsing
1 altbackenes Brötchen
1 Zwiebel
350 g Kalbfleisch aus dem Nacken
2 Eier
3 EL mildes Ajvar (aus dem Glas; ersatzweise Tomatenmark)
Pfeffer
2 EL Öl
½ l kräftiger Rotwein (ersatzweise Wirsing-Kochwasser)

1 In einem großen Topf Salzwasser zum Kochen bringen. Den Wirsing putzen. 8–12 große Blätter abnehmen und flach schneiden. Im kochenden Wasser etwa 4 Min. blanchieren, herausnehmen. Restlichen Wirsing klein schneiden und in etwa 7 Min. halb gar kochen, dann in einem Sieb abtropfen lassen. Die Brühe aufheben.

2 Brötchen in Wasser einweichen. Die Zwiebel schälen und achteln. Das Fleisch fein zerkleinern (mit Hilfe einer Küchenmaschine, eines Fleischwolfs oder eines Blitzhackers). Fleisch mit 3 EL Wirsing (Rest als Beilage verwenden), ausgedrücktem Brötchen, Eiern, 2 EL Ajvar, Salz und Pfeffer mischen.

3 Wirsingblätter ausbreiten. Eventuell 2 Blätter aufeinanderlegen. Je 2–3 gehäufte EL Fleischteig daraufgeben. Jedes Blatt seitlich einschlagen, zu einem Päckchen falten, mit Küchengarn festbinden.

4 In einem Bräter Öl erhitzen und Päckchen darin von allen Seiten kräftig anbraten. Die Zwiebel mitbraten. Mit Rotwein und ⅛ l Wirsingbrühe ablöschen. Die Päckchen zugedeckt bei mittlerer Hitze 20 Min. schmoren. Restliches Ajvar zugeben, salzen und pfeffern und noch weitere 10 Min. schmoren.

UND DAZU?

Zu den Wirsingpäckchen passen Salz- oder Pellkartoffeln oder Kartoffelpüree.

Klassiker auf neue Art/Kinderliebling

Frikadellen

Für 4 Personen | 30 Min. Zubereitungszeit
Pro Portion ca. 505 kcal

1 altbackenes Brötchen | 75 ml trockener Wermut (ersatzweise Apfelsaft) | 1 Zwiebel | 400 g gemischtes Hackfleisch | 1 Ei | 2 EL gehackte Petersilie | Salz | Pfeffer | gemahlener Piment und gemahlene Nelken | 100 g Buchweizen | Öl oder Butterschmalz zum Ausbacken

1 Das Brötchen in Wermut einweichen, dann ausdrücken. Die Zwiebel schälen und würfeln. Hackfleisch, Zwiebel, Ei, Petersilie und Brötchen vermengen. Mit Salz, Pfeffer, Piment und Nelken würzen.

2 Den Fleischteig mit nassen Händen zu 8 Frikadellen formen. Den Buchweizen auf einen Teller geben und die Frikadellen darin wälzen.

3 Das Fett in einer Pfanne erhitzen. Die Frikadellen darin bei mittlerer Hitze von beiden Seiten braun braten.

UND DAZU?
Servieren Sie zu den Frikadellen gemischten Salat, Kartoffeln, Nudeln oder frische Brötchen und einen leckeren Dip.

exotisch/preiswert

Kokospute mit Tomatensauce

Für 4 Personen
35 Min. Zubereitungszeit
Pro Portion ca. 560 kcal

500 g passierte Tomaten
Salz
Pfeffer
Cayennepfeffer
1 Msp. Zimtpulver
1 TL Honig
200 g Basmatireis
500 g Putenbrustfilet
100 g Kokosflocken
3 EL Öl

1 Die Tomaten aufkochen lassen, mit Gewürzen und Honig scharf-pikant abschmecken. Bei schwacher Hitze auf die Hälfte einkochen lassen. Den Reis nach Packungsangabe in Salzwasser garen.

2 Das Fleisch abspülen, trocken tupfen, in fingerdicke Streifen schneiden und salzen. Die Kokosflocken mit Pfeffer mischen, das Fleisch hineindrücken. Das Öl in einer Pfanne erhitzen und das Fleisch darin bei mittlerer Hitze in 6–7 Min. goldgelb braten. Auf dem Reis mit der Tomatensauce anrichten.

TAUSCH-TIPPS

Sie mögen lieber Nudeln statt Reis oder haben Reis gerade nicht in Ihrem Vorrat? Nudeln und Reis lassen sich selbstverständlich austauschen.

Ebenso können Sie auch sehr gut Hähnchenbrustfilet für dieses Gericht verwenden.

Klassiker/gelingt leicht

Wiener Schnitzel

Für 4 Personen | 20–25 Min. Zubereitungszeit
Pro Portion ca. 720 kcal

4 Kalbsschnitzel (à 150 g) | Salz | Pfeffer | 1 EL Paprikapulver | 2 Eier | 8 EL Semmelbrösel | 4 EL Öl | Zitronenscheiben zum Garnieren

1 Fleisch flach klopfen. Mit Salz, Pfeffer und Paprikapulver würzen. Die Eier mit einer Gabel in einem Suppenteller verquirlen. Die Semmelbrösel in einen zweiten Suppenteller geben.

2 Schnitzel jeweils erst in Ei, dann in den Bröseln wenden. Das Öl in einer breiten Pfanne erhitzen. Schnitzel darin von beiden Seiten je 4–6 Min. goldbraun braten. Mit Zitronenscheiben garnieren.

UND DAZU?

Als Beilage zum Wiener Schnitzel passt am besten Kartoffelsalat (im Bild hinten). Dafür 1 Stange Lauch putzen, aufschneiden, waschen und in Ringe schneiden. 750 g fest kochende Kartoffeln schälen, grob würfeln und mit dem Lauch in ½ l Brühe12–15 Min. garen, in der Brühe erkalten lassen. Sud abgießen und auffangen. Gemüse mit 1 fein gehackten Zwiebel, 1/8 l Kochsud, 3 EL Aceto balsamico, 2 EL Öl, Salz und Pfeffer mischen. Je 1 Bund Schnittlauch und Petersilie sowie einige Blättchen Löwenzahn waschen, hacken, untermischen. Nach Belieben gebratenen Speck darüberstreuen.

VARIANTEN

Nussfans panieren die in Ei gewendeten Schnitzel vor dem Braten mit 6–8 EL grob gemahlenen Haselnüssen oder mit 100 g Kokosraspeln. Für Kräuterschnitzel reichlich frische Kräuter nach Lust und Laune (z. B. 1 Bund Petersilie, 8 große Salbeiblätter oder 3 Zweige Rosmarin) waschen, trocken schütteln, sehr fein hacken und mit dem Paniermehl vermischen. Die in Ei gewendeten Schnitzel damit panieren.

nussig-würzig

Hackfleischpfanne Asia

Für 4 Personen | 45 Min. Zubereitungszeit | Pro Portion ca. 755 kcal

200 g Asia-Reisnudeln (Fadennudeln) | 200 g Zwiebeln | 2 Knoblauchzehen | 100 g gesalzene Erdnüsse | 500 g Möhren | ½ Bund Petersilie | 3 EL Öl | 500 g Hackfleisch | Salz | Pfeffer | 4–5 EL süße Chilisauce | 3–4 EL Sojasauce

1 Die Nudeln nach Packungsangabe zubereiten, dann abgießen. Die Zwiebeln schälen, längs halbieren und in schmale Streifen schneiden. Den Knoblauch schälen und die Erdnüsse grob hacken. Die Möhren schälen und sehr fein hobeln. Petersilie waschen, trocken schütteln, die Blättchen hacken.

2 2 EL Öl erhitzen, die Zwiebeln darin anbraten, Knoblauch dazupressen und 1 Min. weiterbraten. Die Möhren unter Rühren 3 Min. mitbraten. Nudeln zugeben und erhitzen.

3 1 EL Öl in einer zweiten Pfanne stark erhitzen, Hackfleisch unter Rühren 2–3 Min. scharf anbraten. Salzen, pfeffern und zu den Möhren geben. Mit Salz, Pfeffer, Chili- und Sojasauce pikant abschmecken und gut mischen. Mit Erdnüssen und Petersilie bestreut servieren.

für Gäste/preiswert

Zitronenreis mit Hähnchen

Für 4 Personen
40 Min. Zubereitungszeit
Pro Portion ca. 390 kcal

1 Bio-Zitrone
300 g Hähnchenbrustfilet
700 ml Brühe (Instant)
4 TL Honig
Salz
¼ TL Kurkuma
3 TL Tom-Ka-Paste
250 g Reis
1 Bund glatte Petersilie
2 EL Butter
Pfeffer
heller Saucenbinder

1 Die Zitrone heiß abwaschen, mit dem Sparschäler sehr dünn schälen. Die Schale in sehr feine Streifen schneiden, den Saft auspressen. Hähnchenbrust abspülen, trocken tupfen und in fingerdicke Streifen schneiden.

2 ½ l Brühe mit der Hälfte des Zitronensafts, 2 TL Honig, Salz, Kurkuma und der Tom-Ka-Paste aufkochen. Reis einstreuen, aufkochen lassen. Zugedeckt bei schwacher Hitze in 18 Min. ausquellen lassen. Petersilie waschen, trocken schütteln und in feine Streifen schneiden.

3 Butter in der Pfanne schmelzen lassen, bis sie schäumt. Hähnchenstreifen von allen Seiten in 5–6 Min. goldbraun braten. Salzen und pfeffern. Aus der Pfanne nehmen, warm stellen.

4 Den Rest Brühe mit 2 TL Honig und dem Rest Zitronensaft mischen, Bratensatz damit ablöschen. Aufkochen, mit etwas Saucenbinder andicken und über das Fleisch geben.

5 Den Reis mit Zitronenschale und Petersilie bestreuen. Mit den Hähnchenstreifen servieren.

herzhaft/schnell

Gebackener Würzfisch

Für 3–4 Personen | 20 Min. Zubereitungszeit
Pro Portion ca. 185 kcal

4 festfleischige Fischfilets (à 150 g, z. B. Victoriabarsch, Zander) | 1 Zitrone | Salz | 2 gehäufte EL Mehl | 1–2 TL Paprika- oder Currypulver | 2 EL neutrales Öl oder Butterschmalz zum Braten

1 Den Fisch unter fließendem Wasser abspülen und auf eine Arbeitsfläche legen. Die Zitrone aufschneiden, die Fischfilets damit beträufeln und salzen.

2 Das Mehl mit dem Paprika- oder Currypulver auf einem flachen Teller mischen. Die Fischfilets darin wenden und dann leicht abklopfen.

3 In einer Pfanne das Öl heiß werden lassen. Die Fischfilets darin erst von einer Seite in 3–4 Min. knusprig braun braten. Dann wenden und von der anderen Seite in ebenfalls 3–4 Min. knusprig braten. Mit Zitronenscheiben servieren.

UND DAZU?

Dazu passen Kartoffelsalat oder Salzkartoffeln.

TIPP

Besonders wichtig beim Fischzubereiten ist die 3-S-Regel: Fische und Fischfilets werden besonders gut, wenn Sie sie zuerst säubern, dann säuern und anschließend salzen.

macht was her / einfach

Lachsfilets auf Nudelgratin

Für 4 Personen
30 Min. Zubereitungszeit
30 Min. Backen
Pro Portion ca. 810 kcal

300 g Bandnudeln (ersatzweise Makkaroni)
Salz
1 gelbe Paprikaschote
1 Zucchino (etwa 200 g)
300 g Tomaten
250 g Mozzarella
1 Bio-Zitrone
1 Bund Basilikum
4 Lachsfilets (à etwa 180 g)
1 EL mittelscharfer Senf
Pfeffer
1 EL Butter in Flöckchen
Butter für die Form

1 Die Nudeln in Salzwasser al dente kochen, kalt abschrecken und abtropfen lassen. Paprikaschote waschen, halbieren, putzen und würfeln. Zucchino und Tomaten waschen und würfeln. Dann den Mozzarella klein schneiden.

2 Die Zitrone heiß waschen und abtrocknen, Schale fein abreiben, eine Hälfte auspressen. Basilikumblättchen abzupfen, ein paar beiseitelegen, die übrigen in Streifen schneiden.

3 Fischfilets kalt abspülen und trocken tupfen. Zitronenschale mit Basilikumstreifen und Senf verrühren. Fischfilets mit etwas Zitronensaft beträufeln, salzen, pfeffern und mit Senfcreme einstreichen.

4 Backofen auf 180° vorheizen. Bratform einfetten. Nudeln mit Gemüse und Mozzarella mischen, salzen und pfeffern. In der Form verteilen und im Ofen (Mitte, Umluft 160°) 20 Min. backen. Fischfilets darauf verteilen, mit der Butter belegen, weitere 10 Min. backen. Mit Basilikumblättchen bestreuen.

gelungen kombiniert/schnell

Kartoffeltopf mit Fisch

Für 2 Personen | 15 Min. Zubereitungszeit
Pro Portion ca. 375 kcal

1 TL Gemüsebrühe (Instant; ersatzweise Fleischbrühe) | 450 g große fest kochende Kartoffeln | 200 g gehäutete rote Paprikaschoten (aus dem Glas) | 200 g geräucherte Forelle (ersatzweise Renke) | ½ Bund Petersilie | Salz | frisch gemahlener Pfeffer | 2 TL edelsüßes Paprikapulver | 2 EL saure Sahne nach Belieben

1 Für die Brühe ¼ l Wasser zum Kochen bringen. Kartoffeln schälen, waschen und in kleine Würfel schneiden.

2 Das Wasser in einen Topf geben, Brühe darin auflösen. Die Kartoffeln dazugeben und zugedeckt bei mittlerer Hitze in 8–10 Min. weich kochen.

3 Inzwischen die Paprikaschoten in Streifen schneiden. Fisch von Haut und Gräten befreien und in Stücke zerpflücken. Die Petersilie waschen und trocken schütteln. Die Blättchen abzupfen und fein hacken.

4 Paprika, Fisch und Petersilie unter die Kartoffeln mengen. Mit Salz, Pfeffer und Paprikapulver würzen und erwärmen. Auf Teller verteilen und nach Belieben mit je 1 Klecks saurer Sahne garnieren. Dazu passt frisches Bauernbrot.

gelingt leicht / fettarm

Seelachs mit Gemüsereis

Für 4 Personen
30 Min. Zubereitungszeit
Pro Portion ca. 440 kcal

150 g Langkornreis
3 EL Rapsöl
½ l Gemüsebrühe
2 Kohlrabi
2 große rote Paprikaschoten
Salz
weißer Pfeffer
Muskatnuss
500 g Seelachsfilet
1 Zitrone
2 Eier
6 EL Semmelbrösel

1 Den Reis in 1 EL heißem Öl anbraten und mit 300 ml Brühe ablöschen. Bei schwacher Hitze zugedeckt etwa 20 Min. quellen lassen. Dabei gelegentlich umrühren.

2 Die Kohlrabi schälen und in Würfel schneiden. Paprika waschen, halbieren und putzen, ebenfalls würfeln. Die Gemüsewürfel in 1 EL Öl anbraten, mit der restlichen Brühe ablöschen und zugedeckt 10 Min. bei schwacher Hitze garen. Die Gemüsewürfel mit der Garflüssigkeit unter den Reis geben und mit Salz, Pfeffer und Muskat würzen.

3 Die Fischfilets in zweifingerdicke Streifen schneiden. Den Zitronensaft auspressen und über den Fisch geben. Die Eier aufschlagen, verquirlen und mit etwas Salz und Pfeffer würzen. Die Semmelbrösel in einen tiefen Teller geben.

4 Restliches Öl in einer Pfanne erhitzen. Die Fischstreifen zuerst im Ei, dann in den Bröseln wenden. Von beiden Seiten je etwa 1 Min. braten und mit dem Gemüsereis servieren.

schnell/einfach

Fisch in Tomatensahne

Für 4 Personen
20 Min. Zubereitungszeit
15 Min. Backen
Pro Portion ca. 350 kcal

4 Fischfilets (à etwa 180 g, Heilbutt, Lachs oder Rotbarsch)
Salz | Pfeffer
1 EL Zitronensaft | 500 g Tomaten
1 Bund Basilikum
200 g Sahne
Fett für die Form

1 Den Backofen auf 200° (Umluft 180°) vorheizen. Die Fischfilets waschen, trocken tupfen und nebeneinander in eine gefettete Bratform legen. Mit dem Zitronensaft beträufeln und mit Salz und Pfeffer würzen.

2 Die Tomaten waschen oder häuten und klein würfeln. Das Basilikum waschen, trocken schütteln, die Blättchen in Streifen schneiden. Die Tomaten und die Basilikumstreifen mit Sahne mischen, salzen, pfeffern und über dem Fisch verteilen. Im Backofen (Mitte) 15 Min. backen.

UND DAZU?

Dazu passen Salzkartoffeln oder Reis.

für Gäste

Knusperfisch-Pfanne

Für 4 Personen | 20 Min. Zubereitungszeit | Pro Portion ca. 350 kcal

500 g Fischfilet (z. B. Leng- oder Schellfisch) | 1 EL Zitronensaft | Salz | weißer Pfeffer | 30 g Butter | 1 EL Mehl | 2 Schmorgurken (etwa 750 g; ersatzweise Schlangengurken) | 200 g Sahne | ½ Bund Dill | 2 EL grober Senf

1 Fisch waschen, trocken tupfen und grob würfeln. Mit Zitronensaft beträufeln, mit Salz und Pfeffer würzen. Butter in einer Pfanne erhitzen. Fisch im Mehl wenden, in der Butter knusprig braten und herausnehmen.

2 Inzwischen Gurken schälen, längs halbieren und die Kerne mit einem Teelöffel herausschaben. Gurken in dicke Scheiben schneiden und im Bratfett andünsten. Die Sahne zugießen und mit Salz und Pfeffer würzen. Die Gurken zugedeckt bei mittlerer Hitze etwa 5 Min. schmoren.

3 Inzwischen Dill waschen und trocken schütteln. Die Spitzen abzupfen und fein hacken. Senf und Dill in die Gurkenpfanne rühren, die Gurken mit Salz und Pfeffer abschmecken. Den Fisch darin erwärmen.

UND DAZU?
Dazu schmeckt hervorragend Kartoffelpüree, das mit Dill gewürzt ist.

kalorienarm / schnell

Scholle auf Möhren-Fenchel-Gemüse

Für 4 Personen | 20 Min. Zubereitungszeit
Pro Portion ca. 275 kcal

2 Fenchelknollen | 1 große Möhre | 1 EL Olivenöl | 200 ml Weißwein (ersatzweise Gemüsebrühe) | 4 mittelgroße Schollenfilets | 1 Zitrone | Salz | Pfeffer | 150 g Crème fraîche

1 Die Fenchelknollen und die Möhre waschen und putzen. Die Möhre in Scheiben, den Fenchel in Stücke schneiden. Im heißen Olivenöl kurz andünsten, mit dem Weißwein ablöschen und zugedeckt etwa 5 Min. garen.

2 Die Schollenfilets auf das Gemüse legen und den Fisch zugedeckt in wenigen Minuten bei schwacher Hitze garen.

3 Die Zitrone auspressen, den Fisch mit dem Saft beträufeln, auf vier Tellern verteilen und mit Salz und Pfeffer würzen. Das Gemüse mit der Crème fraîche verrühren, nochmals kurz bei starker Hitze aufkochen und zum Fisch servieren.

UND DAZU?
Servieren Sie zu der Scholle am besten Reis.

preiswert/auch mal fürs Kinderfest

Apfelfrittata

Für 4 Personen | 35 Min. Zubereitungszeit
Pro Portion ca. 550 kcal

1 kg kleine, säuerliche Äpfel (z. B. Boskop oder Cox Orange) | 6 Eier | 3 EL Milch | 150 g Schmand | 1 Prise Salz | 1 Prise Zimtpulver | 100 g kernige Haferflocken | 100 g Himbeerkonfitüre (ersatzweise rotes Johannisbeergelee) | Fett fürs Backblech

1 Den Backofen auf 250° vorheizen. Ein Backblech (am besten ein beschichtetes) sehr gut einfetten, in den Backofen schieben und in 3–4 Min. heiß werden lassen.

2 Die Äpfel schälen, vom Kerngehäuse befreien und in Scheiben schneiden. Die Scheiben auf dem heißen Blech verteilen und im Backofen (oben, Umluft 200°) 5 Min. vorgaren.

3 Die Eier mit der Milch, dem Schmand, Salz und Zimt verquirlen. Die Eiermilch zwischen die Apfelscheiben gießen. Mit den Haferflocken bestreuen und in 10 Min. fertigbacken.

4 In jeden Apfel-Ring einen Klecks Konfitüre oder Gelee füllen und heiß oder noch lauwarm servieren.

VARIANTEN

Statt Konfitüre oder Gelee in die Ringe zu setzen, können Sie die Frittata einfach mit Zimtzucker bestreuen.

Statt Äpfeln 1 kg Rhabarber putzen und in Stücke schneiden. Unter die Eiermilch 1 EL Zucker, 40 g gelbe Rosinen und 1–2 EL Sesamsamen mischen.

Für die pikante Variante die Eiermilch mit ½ TL Salz, etwas Pfeffer und Muskatnuss verrühren. Das Blech dann statt mit Apfelringen mit 300 g aufgetautem Blattspinat, 80 g Maiskörnern (aus der Dose) und 75 g Frühstücksspeck in dünnen Streifen belegen. Die Eiermilch darübergießen.

braucht etwas Zeit

Orangengelee mit Vanillesauce

Für 4 Personen
30 Min. Zubereitungszeit
8 Std. Ruhen
Pro Portion ca. 475 kcal

250 g gemischtes Backobst
½ l Orangensaft
6 Blatt Gelatine
400 ml Vanilleeiscreme
150 g Naturjoghurt
Milch nach Bedarf

1 Backobst sehr klein würfeln, mit Orangensaft begießen, zugedeckt mindestens 5 Std. ziehen lassen.

2 Backobst auf einem Sieb abtropfen lassen, Saft auffangen und mit Wasser auf ½ l ergänzen. Gelatine 5 Min. in kaltem Wasser einweichen, ausdrücken und in einem Topf bei schwacher Hitze erwärmen, bis sie sich vollständig gelöst hat. Erst einige EL Saft mit der Gelatine verrühren, dann nach und nach die gesamte Flüssigkeit unterrühren.

3 Backobst auf vier Portionsschälchen verteilen, den Saft darübergießen. In 3 Std. im Kühlschrank gelieren lassen.

4 Eiscreme und Joghurt im Mixer zu einer gleichmäßigen Creme mixen, nach Geschmack mit etwas Milch verdünnen. Die Vanillesauce auf dem Gelee verteilen und sofort servieren.

raffiniert/luftig-locker

Schoko-Bananen-Schmarrn

Für 4 Personen
40 Min. Zubereitungszeit
Pro Portion ca. 320 kcal

2 reife Bananen
150 g Weizenmehl (Type 1050)
1 EL Kakaopulver
4 Eier
2 EL Zucker
¼ l Milch
Salz
1 EL Öl
Puderzucker

1 Bananen schälen, mit einer Gabel zerdrücken. Mehl und Kakao verrühren. Die Eier trennen. Eigelb, Zucker und Milch mit dem Handrührgerät verrühren. Nach und nach die Mehl-Kakao-Mischung und die Bananen unterrühren.

2 Eiweiße mit 1 Prise Salz steif schlagen. Eischnee behutsam unter den Teig ziehen.

3 Öl in einer großen Pfanne erhitzen. Die Hälfte des Teigs in die Pfanne gießen und bei schwacher Hitze in 5 Min. goldbraun backen. Wenden, gut anbacken lassen und mit zwei Gabeln zerreißen. Den Schmarrn backen, bis er rundherum gebräunt ist. Mit Puderzucker bestäubt servieren. Mit dem Rest des Teiges genauso verfahren.

VARIANTE

Bananenscheiben mit Honig mischen und anbraten. Kakao und Zucker im Teig weglassen, sonst verfahren wie oben beschrieben.

TIPP

Der Teig wird lockerer, wenn Sie ihn 30 Min. quellen lassen, bevor der Eischnee untergehoben wird.

Klassiker auf neue Art/preiswert

Orangen-Nuss-Reis

Für 4 Personen
55 Min. Zubereitungszeit
Pro Portion ca. 755 kcal

1 l Orangensaft
120 g Zucker
½ TL Zimtpulver
Salz
250 g Rundkornreis (Milchreis)
100 g Pumpernickel
100 g Walnusskerne
50 g Butter

1 Orangensaft mit 60 g Zucker, Zimt und 1 Prise Salz aufkochen und den Reis einrieseln lassen. Nach Packungsangabe bei schwacher Hitze 30–40 Min. garen. Dabei öfter umrühren.

2 Pumpernickel klein würfeln, Nüsse grob hacken. 25 g Butter schmelzen, bis sie schäumt. Darin die Nüsse bei mittlerer Hitze 1–2 Min. unter Rühren anrösten, dann an den Pfannenrand schieben. Restliche Butter schmelzen und Pumpernickel darin 1–2 Min. anbraten, mit den Nüssen mischen. Mit dem restlichen Zucker bestreuen, unter Rühren weiterbraten, bis sich der Zucker gelöst hat und Nüsse und Pumpernickel karamellig überzogen sind. Den heißen Orangenreis mit der Nussmischung bestreuen und sofort servieren.

Klassiker auf neue Art/leicht

Apfelpfannkuchen aus dem Ofen

Für 4 Personen
20 Min. Zubereitungszeit
15 Min. Backen
Pro Portion ca. 345 kcal

200 g Mehl
3 Eier
Salz
¼ l Milch
1 Schuss Mineralwasser
5 Äpfel (z. B. Boskop)
3 EL Zucker
1 TL Zimtpulver

1 Backofen auf 240° (auch Umluft) vorheizen. Fettpfanne des Backofens mit Backpapier auslegen. Im Ofen heiß werden lassen.

2 Mehl, Eier, 1 Prise Salz, Milch und Mineralwasser zu einem Pfannkuchenteig verquirlen.

3 Äpfel waschen, schälen, vierteln und die Kerngehäuse entfernen. Äpfel in 1 cm dicke Spalten schneiden. Zucker und Zimt mischen.

4 Pfannkuchenteig gleichmäßig auf dem Blech verstreichen. Die Apfelspalten darauf verteilen. Zimtzucker über alles streuen und den Pfannkuchen im Backofen (Mitte) 10–15 Min. backen, bis er goldbraun ist.

TAUSCH-TIPP

Statt mit Äpfeln können Sie den Pfannkuchen auch mit reifen Birnen, Kirschen, Zwetschgen oder Aprikosen zubereiten.

SERVIER-TIPP

Schlagsahne oder 1 Kugel Vanilleeis dazu servieren – das schmeckt besonders lecker.

kalziumreich/fein

Süße Quarkknödelchen

Für 4 Personen | 20 Min. Zubereitungszeit | 45 Min. Backen
Pro Portion ca. 400 kcal

3 Eier
2 EL Zucker
500 g Magerquark
180 g Nockerlgrieß
400 ml Milch
Salz
1 Päckchen Vanillezucker

1 Backofen auf 180° vorheizen. Eier mit dem Zucker verrühren. Quark und Grieß unterrühren.

2 Milch mit Salz und Vanillezucker aufkochen und in eine Auflaufform gießen. Mit zwei angefeuchteten Esslöffeln aus der Quarkmasse Miniknödel abstechen und in die Milchmischung legen.

3 Form mit Alufolie abdecken und die Knödelchen im Backofen (Mitte, Umluft 160°) 30 Min. garen. Alufolie abnehmen und die Knödel nochmals 15 Min. backen, bis sie goldbraun sind.

UND DAZU?

Servieren Sie dazu Obstsalat oder auch mal Kirsch- oder Pflaumenkompott. Auch Apfelmus schmeckt sehr lecker.

exotisch/fruchtig

Ananas mit Kokoskrokant

Für 4 Personen | 15 Min. Zubereitungszeit
Pro Portion ca. 165 kcal

4 EL Zucker
8 EL kernige Haferflocken
etwas Apfelsaft
200 ml Kokoscreme (aus der Dose)
1 kleine Ananas

1 In einer Pfanne den Zucker bei starker Hitze schmelzen, die Haferflocken zugeben und karamellisieren lassen. Sollten die Flocken aneinander kleben, etwas Apfelsaft zugeben, bis sie sich voneinander lösen.

2 Die Haferflocken-Krokant-Mischung mit der Kokoscreme verrühren.

3 Die Ananas schälen, der Länge nach vierteln und den harten Strunk im Inneren entfernen. Das Fruchtfleisch in Stücke schneiden und auf 4 Tellern anrichten. Mit der Kokoskrokantcreme servieren.

für Süßschnäbel/schnell

Bananen-Stracciatella-Quark

Für 3–4 Personen
10 Min. Zubereitungszeit
Pro Portion ca. 210 kcal

2 reife Bananen
3–4 EL Zitronensaft
500 g Magerquark
2–3 EL Zucker
etwas Mineralwasser
3–4 EL Raspelschokolade

1 Die Bananen schälen und in Scheiben schneiden – am besten direkt in eine hohe Rührschüssel.

2 Den Zitronensaft dazugeben, damit die Bananen nicht braun werden und alles mit dem Pürierstab fein pürieren.

3 Das Bananenmus mit einem Schneebesen unter den Quark schlagen, dabei nach Geschmack zuckern. Ist der Quark zu dickflüssig, noch etwas Mineralwasser dazugeben. Zum Schluss die Raspelschokolade untermischen.

VARIANTE – ORANGENQUARK

Dafür statt der Bananen 2 Orangen filetieren und statt des Zitronensafts den aufgefangenen Orangensaft untermischen. Nach Belieben etwas mehr Zucker zugeben, da die Orangen säuerlich sein können.

Familienfeste

Feste gibt es genug im Leben einer Familie – mit Prinzessinnen-Traumtorte, Hackbällchen, Osterlamm und Puten-Saltimbocca werden Kindergeburtstag, Ostern und Weihnachten zum unvergesslichen Ereignis.

wie im Märchen

Prinzessinnen-Traumtorte

Für 1 Springform (24 cm ∅) | 1 Std. 45 Min. Zubereitungszeit | 4 Std. 30 Min. Kühlen | Bei 20 Stück pro Portion ca. 220 kcal

75 g Mandeln | 100 g Vollmilchschokolade | 2 EL Sahne | 100 g Cornflakes | 8 Blatt weiße Gelatine | 250 g Himbeeren | 500 g Joghurt | 100 g Zucker | 600 g Sahne | 6 Eiswaffeltüten | 100 g Puderzucker | silbrige Zuckerperlen | Tortenring

1 Die Springform mit Backpapier auslegen. Die Mandeln hacken und rösten. Die Schokolade über einem heißen Wasserbad schmelzen, Sahne, Cornflakes und Mandeln untermischen und die Masse in die Form streichen. 1 Std. kühl stellen.

2 Die Gelatine in kaltem Wasser einweichen. Himbeeren waschen, pürieren und 1 EL davon beiseitestellen. Den Rest mit Joghurt und Zucker verrühren. Zwei Drittel der Sahne steif schlagen. Gelatine in wenig heißem Wasser auflösen und unter die Joghurtmasse rühren. Die Sahne unterheben und drei Viertel der Creme auf den Cornflakesboden streichen. Die Form 30 Min. kühl stellen.

3 Auf die Torte einen Tortenring (18 cm ∅) stellen, die restliche Creme behutsam einfüllen, glatt streichen und die Torte 3 Std. kühl stellen.

4 Aus den Eiswaffeln 6 große und 6 kleine Krönchen anfertigen: Die Spitzen abschneiden, die Tüten halbieren und Zacken hineinschneiden. Das übrige Himbeerpüree durch ein Sieb streichen und mit dem Puderzucker verrühren. Die Krönchen mit der Glasur einpinseln und Silberperlen aufsetzen.

5 Den Tortenring entfernen. Die übrige Sahne steif schlagen, die Torte damit verzieren, mit den Krönchen und Silberperlen dekorieren.

macht was her/reicht für viele

Ritterburg

Für 1 Burg | 1 Std. 30 Min. Zubereitungszeit | 15 Min. Backen
Bei 18 Stück pro Stück ca. 488 kcal

600 g Mehl | 250 g Zucker | 1 ½ Päckchen Backpulver | 4 Päckchen Vanillezucker | 6 Eier | 4 EL Öl | 250 g Vanillejoghurt | 400 g Zartbitterkuvertüre | 200 g Himbeerkonfitüre | 2 lange Holzspieße | 120 g bunte Schokolinsen | Fruchtgummi-Vampire | Spielzeug-Ritter | 2 Fahnen

1 Den Backofen auf 180° (Umluft) vorheizen. Zwei Backbleche mit Backpapier belegen. Mehl, Zucker, Backpulver und Vanillezucker in einer Schüssel mischen. Eier, Öl und Joghurt unterrühren. Jeweils die Hälfte des Teigs auf ein Blech streichen und beide Bleche gemeinsam im Ofen (Mitte) bei Umluft 15 Min. backen.

2 Die Kuvertüre schmelzen, die Konfitüre erwärmen. Von einer Kuchenplatte zwei je 5 cm breite Streifen für die Türme sowie eine Bodenplatte (15 × 20 cm) abschneiden. Die andere Kuchenplatte komplett in 3,5 cm breite Streifen schneiden.

3 Die schmalen Streifen mit Konfitüre zu einer mindestens 10 cm hohen Mauer auf die Grundplatte kleben, dabei ein 4–5 cm breites Tor aussparen.

4 Aus den breiten Kuchenstreifen Quadrate schneiden und als Türme mit Konfitüre auf zwei Mauerecken kleben. Dann zur Stabilisierung die Holzspieße in die Türme stecken.

5 Die übrigen Kuchenstreifen halbieren und als 3 weitere Mauern auf die Platte kleben, auf die dann Kuchenwürfel als Zinnen kommen. Die Burg mit Kuvertüre bepinseln und mit Schokolinsen und Vampiren verzieren. Die Holzspieße entfernen, die Fahnen und Ritter platzieren.

mit Aha-Effekt

Eistüten

Für 8 Stück | 25 Min. Zubereitungszeit | 15 Min. Backen | 3 Std. Trocknen
Pro Stück ca. 195 kcal

2 Eier | 50 g Honig | 1 Msp. gemahlene Vanille | 3 EL Butter | 75 g Dinkelvollkornmehl | 1 EL Speisestärke | 8 Eiswaffeltüten (aus dem Supermarkt oder der Eisdiele) | 125 g Puderzucker | 1 frisches Bio-Eiweiß | 1 TL Zitronensaft | 1 TL Himbeersirup | 1 TL Mangosirup

1 Den Backofen auf 175° (Umluft 160°) vorheizen. Die Eier mit dem Honig und der Vanille sehr schaumig schlagen. Die Butter zerlassen.

2 Die Butter unter die Eimasse schlagen. Das Dinkelmehl mit der Speisestärke mischen, auf die Eimasse sieben und vorsichtig unterheben. Je etwa 2 TL Teig in eine Waffeltüte füllen, diese in ofenfeste Gläser (Marmeladengläser) oder Becher stellen und im Ofen (Mitte) 15 Min. backen.

3 Puderzucker sieben, mit Eiweiß und Zitronensaft verrühren, bis die Masse schaumig ist und glänzt. Eine Hälfte der Glasur mit Himbeersirup rosa, die andere mit Mangosirup gelb färben, auf die »Eiskugeln« streichen, 3 Std. trocknen lassen.

BLITZ-TIPP
Als Glasur einfach Puderzucker mit Zitronensaft cremig rühren.

für ABC-Schützen

Schultüte

Für 1 Backblech | 30 Min. Zubereitungszeit | 20 Min. Backen
Bei 20 Stück pro Portion ca. 190 kcal

100 g Dinkelvollkornmehl | 120 g Mehl | ½ TL Natron | 2 TL Backpulver | 60 g gemahlene Haselnüsse | 75 g Zucker | 75 g Nugat | 75 ml Öl | 1 Ei | 200 g Buttermilch | 125 g Johannisbeerkonfitüre | 2 Eiswaffeltüten | 250 g Puderzucker | 2 EL Zitronensaft | Lebensmittelfarbe nach Belieben | kleine bunte Zuckerperlen | ABC-Kekse (Russisch Brot)

1 Den Backofen auf 200° (Umluft 180°) vorheizen. Beide Mehlsorten mit Natron, Backpulver, Nüssen und Zucker vermischen. Nugat klein schneiden, mit Öl, Ei und Buttermilch zum Mehl geben und verrühren.

2 Das Backblech mit Backpapier belegen. Den Teig auf das Blech streichen und im Ofen (Mitte) 15–20 Min. backen. Auskühlen lassen und die Ränder glatt schneiden. Auf einer Schmalseite des Kuchens die Mitte bestimmen. Von dort aus zu den Ecken der gegenüberliegenden Seite schneiden, so dass eine Schultüte entsteht. Die beiden Kuchenreste mit Konfitüre als zweite »Lage« aufkleben.

3 Eine Eiswaffeltüte längs halbieren. Am oberen breiten Ende der Schultüte die andere ganze Eistüte in der Mitte hineinstecken. Die beiden Eistütenhälften links und rechts davon mit der Wölbung nach oben anbringen, so dass es wie gerafftes Papier aussieht.

4 Den Puderzucker mit dem Zitronensaft und etwas Lebensmittelfarbe anrühren und den Kuchen damit bestreichen. Mit Zuckerperlen dekorieren und die Buchstaben auflegen.

raffiniert/fettarm

Chicken-Pie

Für 4 Personen | 20 Min. Zubereitungszeit | 25 Min. Backen
Pro Portion ca. 500 kcal

1 kleines Brathähnchen (fertig gegrillt) | 1 EL Paprikapulver | 2–3 EL Zitronensaft | 1 Packung Kartoffelpüreepulver für 3 Portionen | ½ l Milch oder Wasser nach Packungsangabe | 2 Eier | Salz | Pfeffer | frisch geriebene Muskatnuss | 200 g tiefgekühlte Erbsen | 150 g saure Sahne (20 % Fett) | Sojasauce | 2 EL Sesamsamen | Fett für die Form

1 Das Fleisch ohne Haut vom Brathähnchen ablösen und würfeln. Mit dem Paprikapulver und dem Zitronensaft vermischen. Eine flache Auflaufform einfetten. Den Backofen auf 200° vorheizen.

2 Inzwischen das Kartoffelpüree mit ½ l Milch oder Wasser nach Packungsangabe zubereiten.

3 Die Eier trennen. Die Eigelbe mit Salz, Pfeffer und Muskat cremig rühren. Mit den unaufgetauten Erbsen unter das Püree ziehen. Die Eiweiße steif schlagen und den Eischnee unterheben.

4 Die Form mit einer dünnen Schicht Püree ausstreichen. Das Fleisch darauf verteilen. Die saure Sahne cremig rühren, mit Sojasauce würzen und auf dem Fleisch verteilen. Mit dem restlichen Püree bedecken. Die Pie mit Sesamsamen bestreuen und im Ofen (Mitte, Umluft 180°) in 20 Min. goldbraun backen.

TAUSCH-TIPP

Statt Brathähnchen können Sie auch Bratenreste oder gebratenes Hackfleisch verwenden. Auch beim Gemüse ist erlaubt, was schmeckt und im Haus ist.

kinderleicht / raffiniert

Kartoffelblech

Für 4 Personen
25 Min. Zubereitungszeit
Pro Portion ca. 595 kcal

1 kg gekochte Kartoffeln
100 g Salami in Scheiben
1 kg Fleischtomaten
100 g Sahne
100 ml Milch
2 Eier
Salz
Pfeffer
Paprikapulver
½ TL Basilikum in Öl
2 Zweige Rosmarin
125 g Mozzarella
3 EL Pinienkerne
Fett für das Blech

1 Den Backofen auf 220° vorheizen. Ein tiefes Backblech einfetten. Die Kartoffeln pellen und in Spalten schneiden. Die Salami in schmale Streifen schneiden. Die Tomaten waschen, von den Stielansätzen befreien und in fingerdicke Scheiben schneiden. Alles auf dem gefetteten Backblech verteilen.

2 Die Sahne und die Milch mit den Eiern verrühren. Mit wenig Salz, Pfeffer, Paprika und dem Basilikum in Öl würzen und über den Kartoffelmix geben.

3 Den Rosmarin waschen und die Nadeln abstreifen. Den Mozzarella abtropfen lassen, würfeln und mit den Pinienkernen und Rosmarinnadeln über den Kartoffeln verteilen. Im Ofen (Mitte, Umluft 200°) 15 Min. grillen.

VARIANTE – PIZZA-RÖSTI

Das Backblech mit Backpapier auslegen. 1 Packung tiefgekühlte Rösti darauf verteilen. Jedes Rösti mit einer nicht zu dünnen Scheibe Salami und 2–3 Tomatenscheiben belegen. Mit Salz, Pfeffer und Paprikapulver würzen. Mit etwas gehacktem Basilikum bestreuen. Reibekäse oder Mozzarellawürfel darüberstreuen. Im vorgeheizten Backofen nach Packungsangabe der Rösti backen.

preiswert/Grundrezept mit Varianten

Hackbällchen

(im Bild rechts hinten)

Für 4 Personen | 35 Min. Zubereitungszeit
Pro Portion ca. 460 kcal

1 Zwiebel
2 Knoblauchzehen
1 EL Öl
500 g Hackfleisch
1 Eigelb
7 EL Semmelbrösel
1 EL scharfer Senf
Salz
Pfeffer
Öl zum Braten

1 Die Zwiebel und den Knoblauch schälen. Beides fein hacken. Zwiebel in 1 EL Öl 6–7 Min. schmoren, bis sie glasig sind. Knoblauch zugeben und 1–2 Min. weiterschmoren.

2 Zwiebel und Knoblauch abkühlen lassen, mit Hackfleisch und den übrigen Zutaten vermischen.

3 Für Hackbällchen mit einem Teelöffel jeweils etwas Hackfleisch abstechen, zu Kugeln formen und in Öl von allen Seiten kräftig braten. Zum Abtropfen auf Küchenpapier legen.

VARIANTEN

Für Kokosbällchen (im Bild ganz oben) zu den Zwiebeln im Grundrezept 5 gehackte Knoblauchzehen und 3 TL Sambal Manis geben, 1–2 Min. weiterschmoren, abkühlen lassen. 5 EL Kokosflocken trocken rösten, abkühlen lassen und unter die Hackfleischmasse mischen. Hackbällchen wie beschrieben braten.

Für Hackbällchen mit Feta (im Bild rechts Mitte) die Hackfleischmasse (Grundrezept) mit 4–6 EL Tomatenmark und 5 EL gehackter Petersilie vermengen. 200 g Feta (Schafkäse) in 1 cm große Würfel schneiden. Die Hackbällchen formen, dabei in jedes Bällchen ein Stück Feta drücken. Hackbällchen wie beschrieben braten.

Für Basilikumbällchen (im Bild links Mitte) ½ Tube Tomatenmark und 1 EL Senf zum Hackfleisch geben, eventuell mehr Semmelbrösel dazugeben. 2 EL grob gehacktes Basilikum dazumischen. Bällchen wie beschrieben braten.

Für Currybällchen (im Bild vorne) ½ Glas Mangochutney fein hacken. 50 g ungeschälte Sesamsamen trocken rösten. Sesam, Chutney und 2 EL Madras-Currypulver unter den Hackfleischteig (Grundrezept) mischen und Bällchen wie beschrieben braten.

Für Saté-Hackbällchen (nicht im Bild) 200 g Saté Mix pikant unter das Hackfleisch mischen. Bällchen wie beschrieben braten.

raffiniert/für Gäste

Osterlamm

Für 1 Lammform (1 l Inhalt) | 40 Min. Zubereitungszeit | 20 Min. Backen | 40 Min. Trocknen | Bei 10 Stück pro Portion ca. 150 kcal

2 Eier | 80 g Zucker | 1 Tropfen Bittermandelöl | 40 g Mehl | 40 g geschälte gemahlene Mandeln | 125 g Puderzucker | 1 Eiweiß | 1 TL Zitronensaft | 2 Rosinen | Butter und Mehl für die Form

1 Den Backofen auf 190° (Umluft 175°) vorheizen. Die Form mit Butter fetten und mit Mehl ausstreuen. Die Eier mit Zucker sehr schaumig schlagen und das Bittermandelöl unterziehen. Das Mehl darübersieben und mit den Mandeln vorsichtig unterheben.

2 Die Masse in die Form füllen und im Backofen (unten) 20 Min. backen. Die Form herausnehmen, abkühlen lassen und das Lamm stürzen.

3 Den Puderzucker sieben, mit Eiweiß und Zitronensaft schaumig-glänzend aufschlagen. Die Masse in einen Spritzbeutel füllen und das Lamm mit der Glasur bespritzen. Die Rosinen als Augen anbringen. Die Glasur im Backofen bei 75° (Umluft 50°) bei leicht geöffneter Tür 40 Min. trocknen.

TIPP

Das Lamm können Sie gut schon am Vortag backen.

schnell/fruchtig

Fruchtbomben-Torte

Für 1 Rehrückenform (30 cm) | 20 Min. Zubereitungszeit | 3 Std. Kühlen
Bei 18 Stück pro Portion ca. 130 kcal

8 Blatt weiße Gelatine | 4 Becher Fruchtdessert aus Äpfeln und Himbeeren (Fruchtbombe, à 100 g) | 300 g Vollmilchjoghurt | 50 g Zucker | 2 EL Zitronensaft
300 g Sahne | 100 g Himbeeren | 10 Vollmilchschokoladen-Butterkekse (140 g)

1 Gelatine einweichen. 350 g Fruchtdessert, Joghurt, Zucker und Zitronensaft verrühren. Die Gelatine ausdrücken, in einem Topf bei schwacher Hitze auflösen und mit 3 EL Joghurtcreme verrühren. In die übrige Creme rühren und für einige Zeit kühl stellen.

2 Die Sahne steif schlagen. 100 g Sahne in einen Spritzbeutel mit Sterntülle füllen und kühl stellen. Übrige Sahne und Himbeeren unter den Joghurt heben. Die Creme in die mit kaltem Wasser ausgespülte Rehrückenform füllen. Kekse mit der Schokoseite auf die Creme legen. Zugedeckt etwa 3 Std. kühl stellen.

3 Die Form kurz in heißes Wasser tauchen. Die Torte auf eine längliche Kuchenplatte stürzen und mit Sahne und dem übrigen Fruchtdessert oder einigen Früchten verzieren.

raffiniert/mit Variante

Möhrenschnitten

Für 1 Backblech
2 Std. Zubereitungszeit
1 Std. Backen
Bei 20 Stück pro Stück ca. 320 kcal

6 Eier
¼ l Öl
350 g Mehl
Salz
1 Päckchen Backpulver
600 g Möhren
1 Bio-Orange
5 EL flüssiger Honig
200 g gehackte Mandeln
100 g Butter
300 g Puderzucker
5 EL Zitronensaft
Butter und Zwiebackbrösel für das Blech

1 Die Eier cremig rühren, nach und nach das Öl unterschlagen. Mehl, 2 Prisen Salz und Backpulver unterarbeiten. Den Backofen auf 180° vorheizen. Das Blech fetten und mit den Bröseln bestreuen.

2 Die Möhren waschen, putzen und raspeln. Die Orange heiß abwaschen und die Schale abreiben. 3 EL Saft auspressen. Möhren, Orangenschale und -saft mit Honig und Mandeln unter den Teig mengen. Diese Masse auf dem Blech verstreichen und im Ofen (Mitte, Umluft 160°) 50–60 Min. backen. Den Kuchen komplett abkühlen lassen.

3 Die Butter schmelzen lassen. Den Puderzucker mit so viel Zitronensaft unterrühren, dass ein dickflüssiger Guss entsteht. Puderzucker-Zitronen-Mischung mit der Butter verrühren und mit einem Backpinsel auf den Kuchen streichen. Den Guss fest werden lassen und den Kuchen in möglichst kleine Stückchen schneiden.

TIPP
Bienenhonig abmessen geht besser, wenn der Löffel vorher in Öl getaucht wird. Durch den dünnen Ölfilm gleitet der Honig ganz leicht ab und es entstehen keine Wiegeverluste.

VARIANTE
Gut schmeckt statt Zitronenguss auch eine Creme. Dafür 200 g Doppelrahm-Frischkäse mit 100 g Butter, 100 g Puderzucker und 2 Päckchen Vanillezucker schaumig rühren. Den fertigen Kuchen damit bestreichen.

würzig/gelingt leicht

Lammfilet mit Gorgonzola-Tomaten-Sauce

Für 4 Personen | 20 Min. Zubereitungszeit | Pro Portion ca. 385 kcal

600 g Lammfilet | 1 EL Butter | 1 EL Öl | 2 Fleischtomaten | 160 g Gorgonzola | Salz | frisch gemahlener Pfeffer | 100 ml trockener Sherry (ersatzweise Fleischbrühe) | 1 EL TK-Basilikum

1 Das Lammfilet trocken tupfen, eventuell Sehnen abschneiden. Butter und Öl in einer Pfanne erhitzen, Lammfilet darin bei starker Hitze rundherum etwa 3 Min. braten. Die Tomaten waschen, putzen, vom Stielansatz befreien und klein würfeln, Käse grob würfeln.

2 Das Fleisch mit Salz und Pfeffer würzen und auf einen vorgewärmten Teller legen. Mit einem zweiten Teller bedeckt warm halten.

3 Den Bratensatz mit dem Sherry ablöschen. Tomaten- und Käsewürfel einrühren und bei schwacher Hitze schmelzen lassen. Basilikum untermischen, die Sauce pfeffern und eventuell leicht salzen. Über dem Lammfilet verteilen und servieren.

UND DAZU?
Dazu passen Weißbrot oder Reis und ein frischer Rucolasalat.

Klassiker auf neue Art

Puten-Saltimbocca

Für 4 Personen | 20 Min. Zubereitungszeit
Pro Portion ca. 400 kcal

150 g TK-Erbsen
2 Zwiebeln
4 EL Olivenöl
250 g 8-Minuten-Reis
½ l Gemüsebrühe (Instant)
4 Scheiben Parmaschinken
8 kleine Putenschnitzel
8 Salbeiblätter
Salz
Pfeffer
50 g getrocknete Tomaten in Öl
4 EL Marsala-Wein (ersatzweise Gemüsebrühe)
8 Holzspießchen

1 Die Erbsen auftauen lassen. Zwiebeln schälen und würfeln. 2 EL Olivenöl in einem Topf erhitzen. Zwiebeln darin andünsten. Den Reis zugeben und andünsten. Mit Brühe ablöschen und zugedeckt in etwa 10 Min. bei schwacher Hitze ausquellen lassen.

2 Den Schinken quer halbieren. 2 EL Öl in einer Pfanne erhitzen. Schnitzel etwas flacher drücken. Mit je ½ Schinkenscheibe und 1 Salbeiblatt belegen, zusammenklappen und feststecken. Fleisch im Öl je Seite etwa 2 Min. braten. Mit Salz und Pfeffer würzen.

3 Inzwischen Tomaten in Streifen schneiden. Mit den Erbsen unter den Reis heben. 2 Min. köcheln lassen. Bratensatz mit Marsala ablöschen. Mit Fleisch und Erbsen-Reis anrichten.

aromatisch / mediterran

Fischfilets in Basilikumsahne

Für 4 Personen | 20 Min. Zubereitungszeit
Pro Portion ca. 440 kcal

4 Fischfilets (z. B. Rotbarsch; à etwa 150 g)
2 EL Zitronensaft
Salz | weißer Pfeffer
1 Zwiebel
500 g kleine Tomaten
1 Bund Basilikum
40 g Butter | 200 g Sahne
2 EL heller Saucenbinder
80 g grüne Oliven

1 Fischfilets mit Zitronensaft beträufeln. Mit Salz und Pfeffer würzen. Zwiebel schälen und würfeln. Die Tomaten waschen und halbieren, dabei vom Stielansatz befreien. Basilikum waschen, trocken schütteln und die Blättchen abzupfen.

2 Inzwischen 20 g Butter in einer beschichteten Pfanne erhitzen. Fischfilets darin von jeder Seite etwa 3 Min. braten. 20 g Butter in einem Topf erhitzen. Tomaten darin etwa 5 Min. schmoren.

3 Fischfilets warm stellen. Zwiebel im Bratensatz andünsten. Mit Sahne ablöschen und aufkochen lassen. Basilikum zugeben und alles pürieren. Sauce in der Pfanne erhitzen, Saucenbinder nach Packungsangabe einrühren und die Sauce abschmecken.

4 Die Oliven zu den Tomaten geben und abschmecken. Fisch mit der Sauce und den Tomaten anrichten und servieren.

UND DAZU?
Dazu schmecken besonders gut Tagliatelle.

Klassiker/macht was her

Mini-Hexenhaus

Für 1 Hexenhaus | 1 Std. 30 Min. Zubereitungszeit | 20 Min. Backen | 6 Std. Trocknen | Bei 18 Stück pro Portion ca. 250 kcal

1 Ei | 225 g Zucker | 300 g flüssiger Honig | 2 TL Lebkuchengewürz | 8 g Hirschhornsalz | 300 g Roggenmehl (Type 997) | 350 g Weizenmehl (Type 550) | 2 gestrichene TL Natron | 100 g Puderzucker | 1 Eiweiß | 1 TL Zitronensaft | bunte Zuckerperlen und Zuckerblüten | bunte Zuckerschrift | Mehl zum Arbeiten | Holzspießchen

1 Ei mit Zucker, Honig und Lebkuchengewürz schaumig schlagen. Hirschhornsalz in 50 ml heißem Wasser auflösen. Mehlsorten und Natron mischen, auf die Arbeitsfläche sieben, eine Mulde eindrücken und das Hirschhornsalz mit der Eimasse hineingeben. Alles zu einem geschmeidigen Teig verkneten.

2 Den Backofen auf 200° (Umluft 180°) vorheizen. Zwei Backbleche mit Backpapier auslegen. Den Teig auf der bemehlten Arbeitsfläche 1 cm dick ausrollen. Eine Bodenplatte (20 × 22 cm), zwei Dachplatten (10 × 19 cm) sowie zwei dreieckige Wände (15 cm breit, 16 cm hoch) ausschneiden. Vier Tannenbäume sowie kleine Blüten, Sterne und Herzen ausstechen. Alle Teile auf die Bleche legen und im Ofen (Mitte) zusammen bei Umluft oder nacheinander bei Ober-/Unterhitze je 15 Min. backen. Herausnehmen, auskühlen lassen und die Ränder glatt schneiden.

3 Puderzucker sieben und mit Eiweiß und Zitronensaft verrühren. Aus einer dreieckigen Wand Fenster und Türe ausschneiden. Zwei Tannenbäume längs halbieren und die Hälften mit Zuckerguss seitlich auf die ganzen Bäume kleben. Die Dachplatten mit Puderzuckerguss auf die Wände kleben und das Bauwerk bis zum Trocknen mit Holzspießchen stabilisieren. Das Häuschen und die Bäume mit Puderzuckerguss auf die Bodenplatte kleben.

4 Die Blüten, Sterne und Herzen auf das Häuschen kleben und dieses mit dem übrigen Guss und Zuckerschrift verzieren. Dabei nach Belieben Zuckerperlen und -blüten aufkleben. Das Häuschen mindestens 6 Std. trocknen lassen.

Klassiker/gut vorzubereiten

Christstollen

Für 2 Stollen | 3 Std. Zubereitungszeit | 1 Std. 30 Min. Ruhen | 1 Std. Backen
Bei 28 Stücken pro Stück ca. 240 kcal

1 Würfel Hefe (42 g) | ¼ l lauwarme Milch | 100 g Zucker | Salz | 500 g Mehl | 200 g weiche Butter | abgeriebene Schale von 1 Bio-Zitrone | 1 Prise gemahlener Kardamom | 100 g gewürfeltes Zitronat | 100 g gewürfeltes Orangeat | 100 g Korinthen | 200 g Rosinen | 100 g gehackte Mandeln | 50 g Butter zum Bestreichen | 100 g Puderzucker zum Bestreuen | Butterschmalz für das Backblech

1 Die Hefe mit der Milch und 1 TL Zucker verrühren, dann 15 Min. an einen warmen Ort stellen und gehen lassen.

2 Den restlichen Zucker und 1 Prise Salz mit der Hefemilch verrühren. Das Mehl darüber sieben. Die Butter dazugeben und mit der Zitronenschale und dem Kardamom mischen. Die Zutaten zu einem Teig kneten. Die Früchte und Mandeln gut unterkneten und den Teig zugedeckt 45 Min. gehen lassen.

3 Das Blech fetten. Den Backofen auf 190° vorheizen. Den Teig kneten und zu zwei Rechtecken formen, die jeweils auf einer Seite etwas dünner werden. Die dickere Seite auf die dünnere Seite legen und beide Stollen auf das Blech geben. Noch einmal 30 Min. zugedeckt gehen lassen.

4 Die Stollen auf dem Blech (Mitte, Umluft 170°) 1 Std. backen.

5 Die Butter zerlassen und die Stollen noch heiß damit bestreichen und dick mit dem Puderzucker bestreuen.

kinderleicht / Klassiker

Butterplätzchen

Für etwa 60 Stück | 45 Min. Zubereitungszeit | 1 Std. Ruhen | 10 Min. Backen pro Blech | Pro Stück ca. 50 kcal

250 g Mehl | 75 g Zucker | Salz | 2 TL Vanillezucker | 1 Ei | 125 g Butter | Butter für das Blech

Zum Verzieren: 150 g Puderzucker | 2 EL Zitronensaft | 1 EL weißer Rum (ersatzweise Wasser) | 1 EL Kakaopulver | 2 EL Zuckerstreusel | 25 g klein gehacktes Zitronat

1 Das Mehl mit Zucker, 1 Prise Salz, Vanillezucker, Ei und Butter rasch zu einen glatten Teig verkneten. Den Teig 1 Std. kühl stellen.

2 Das Backblech mit Butter fetten. Den Backofen auf 200° vorheizen. Den Teig portionsweise etwa 3 mm dick ausrollen und beliebig ausstechen. Die Plätzchen auf dem Blech im Backofen (Mitte, Umluft 180°) 10 Min. backen.

3 Die Hälfte des Puderzuckers mit dem Zitronensaft, die andere mit dem Rum und dem Kakao zu einer dickflüssigen Glasur verrühren.

4 Jeweils die Hälfte der Plätzchen mit einer der beiden Glasuren bestreichen. Die dunklen Plätzchen mit Zuckerstreuseln und die hellen mit Zitronat bestreuen.

für Gäste/festlich

Pistazienhähnchen mit Aprikosensauce

Für 4 Personen
1 Std. Zubereitungszeit
Pro Portion ca. 660 kcal

125 g gesalzene Pistazien in der Schale
1 Dose Aprikosen (820 g Inhalt)
3 Zwiebeln
2 EL Öl
Salz
schwarzer Pfeffer
Cayennepfeffer
4 Hähnchenbrustfilets (à 160 g)
150 ml Brühe
200 g Basmatireis
Holzspießchen

1 Backofen auf 200° (Umluft 180°) vorheizen. Pistazien schälen und grob hacken. Aprikosen abgießen, den Saft auffangen. Die Hälfte der Aprikosen würfeln, den Rest pürieren. Zwiebeln schälen und hacken.

2 1 EL Öl erhitzen, Zwiebeln darin bei schwacher Hitze 6 Min. braten. Aprikosenwürfel 2–3 Min. mitbraten. Mit Salz, Pfeffer und Cayennepfeffer abschmecken. Zwei Drittel der Pistazien untermischen.

3 Die Hähnchenbrüste waschen und trocken tupfen. Mit einem scharfen Messer seitlich eine Tasche einschneiden. Filets außen und innen leicht salzen, mit der Aprikosenmischung füllen und mit Holzspießchen feststecken.

4 Restliches Öl erhitzen, Filets darin von jeder Seite 1 Min. kräftig anbraten. In eine ofenfeste Form geben und im Ofen (Mitte) 12–14 Min. garen, dabei einmal wenden.

5 Die Brühe erhitzen, Bratfond in der Pfanne damit ablöschen. Aprikosenpüree zugeben und mit Salz, Pfeffer und Cayennepfeffer würzen. Mit Aprikosensaft aus der Dose bis zur gewünschten Konsistenz auffüllen und erwärmen.

6 Inzwischen den Reis nach Packungsangabe in 12 Min. garen. Die Filets aus dem Ofen nehmen, schräg aufschneiden. Den Saft, der sich gebildet hat, zur Sauce geben. Das Fleisch mit dem Reis und der Sauce anrichten und mit den restlichen Pistazien bestreut servieren.

ganz einfach / würzig

Filet-Töpfchen

Für 4 Personen | 50 Min. Zubereitungszeit
Pro Portion ca. 310 kcal

400 g Rosenkohl | 250 g kleine Möhren | 4 Schalotten | 450 g Schweinefilet | Pfeffer | 1–2 EL Butterschmalz | Salz | 75 ml Gemüsebrühe | 100 ml trockener Cidre (ersatzweise Gemüsebrühe) | 1 Zweig Thymian | je 1 Prise Zucker, geriebene Muskatnuss und gemahlener Kreuzkümmel | 75 g Sahne | Worcestersauce

1 Den Backofen auf 220° vorheizen. Rosenkohl und Möhren putzen und waschen. Die Möhren je nach Größe ganz lassen oder längs halbieren. Schalotten schälen.

2 Das Fleisch in 1 ½–2 cm dicke Scheiben schneiden, pfeffern. Das Gemüse bei mittlerer Hitze in einem Bräter im Butterschmalz 5 Min. zugedeckt dünsten, herausnehmen. Das Fleisch im Bräter von beiden Seiten anbraten.

3 Das Fleisch salzen, das Gemüse dazugeben und Brühe und Cidre angießen. Den Thymian zufügen und mit Zucker, Muskat und Kreuzkümmel würzen. Alles zugedeckt im Backofen (Mitte, Umluft 200°) 25–30 Min. garen.

4 Die Sahne halbsteif schlagen. Das Filet-Töpfchen aus dem Ofen nehmen, den Thymian entfernen und das Gericht kräftig mit den Gewürzen und der Worcestersauce abschmecken. Die Sahne unterziehen und sofort servieren.

macht was her / raffiniert

Seezungenröllchen mit Pesto

Für 4 Personen | 35 Min. Zubereitungszeit | Pro Portion ca. 480 kcal

2 EL Pinienkerne | 2 Knoblauchzehen | 1 großes Bund Basilikum | Salz | 100 ml Olivenöl | 1 EL Crème fraîche | 1 Bund zarte Möhren | ½ Bio-Zitrone | Pfeffer | 600 g Seezungenfilets (ersatzweise Scholle) | 2 EL Aceto balsamico

1 Pinienkerne anrösten, Knoblauch schälen. Mit Basilikumblättchen und 1 Prise Salz im Mixer pürieren. Mit Olivenöl und Crème fraîche zu einer Paste verrühren.

2 Einen großen Topf mit passendem Siebeinsatz etwa 5 cm hoch mit Wasser füllen, das Wasser aufkochen. Die Möhren mit etwa 2 cm Grün vom Bund schneiden, putzen und waschen. Die Zitrone heiß abwaschen, abtrocknen und die Schale fein abreiben. Den Saft auspressen. Die Möhren im Siebeinsatz verteilen, salzen, pfeffern und mit der Zitronenschale bestreuen. Den Siebeinsatz in den Topf mit leicht kochendem Wasser stellen. Den Deckel schließen. Die Möhren etwa 10 Min. im heißen Dampf garen.

3 Die Fischfilets dünn mit der Paste bestreichen, aufrollen und feststecken. Zu den Möhren in den Siebeinsatz legen, salzen, pfeffern, mit Zitronensaft beträufeln. Zugedeckt etwa 5 Min. dämpfen. Die Möhren mit Balsamico beträufelt servieren.

Zum Gebrauch
Damit Sie Rezepte mit bestimmten Zutaten noch schneller finden können, stehen in diesem Register zusätzlich auch beliebte Zutaten wie **Tomaten** oder **Kartoffeln** – ebenfalls alphabetisch geordnet und **hervorgehoben** – über den entsprechenden Rezepten.

Die Autoren

Friedrich Bohlmann
Dagmar von Cramm
Sebastian Dickhaut
Elisabeth Döpp
Tanja Dusy
Volker Eggers
Gina Greifenstein
Marion Grillparzer
Reinhardt Hess
Sabine von Imhoff
Christina Kempe
Martina Kittler
Bettina Matthaei
Kristiane Müller-Urban
Margit Proebst
Jörn Rebbe
Dörte Rein
Pia Richardt
Gudrun Ruschitzka
Sabine Sälzer
Bärbel Schermer
Cornelia Schinharl
Petra Schurk
Marlisa Szwillus
Christian Willrich

Bildnachweis

Michael Boyny: Umschlagfoto
Antje Anders: S. 8 oben, S. 9 oben; Michael Boyny: S. 64, S. 103, S. 106, S. 108, Michael Brauner: S. 4 unten, S. 9 Mitte, S. 10 oben, S. 24, S. 26, S. 35, S. 38, S. 121, S. 133, S. 134, S. 136, S. 141, S. 142, S. 145, S. 148; Fotostudio Eising: S. 63, S. 87; Fotos mit Geschmack: S. 42; Ulrike Holsten: S. 2, S. 56, S. 122; Studio L'EVEQUE, Tanja & Harry Bischof: S. 31, S. 33, S. 51; Barbara Lutterbeck: S. 54; Kai Mewes: S. 4 Mitte, S. 6 oben, S. 66, S. 68, S. 70, S. 73, S. 74, S. 89, S. 92, S. 120; Peter Nielsen: S. 10 Mitte, S. 47, S. 91, S. 94, S. 114, S. 129; Sigrid Reinichs: S. 16; Jörn Rynio: S. 4 oben, S. 6 Mitte, S. 6 unten, S. 8 Mitte, S. 8 unten, S. 9 unten, S. 15, S. 18, S. 22, S. 29, S. 52, S. 61, S. 78, S. 81, S. 82, S. 96, S. 99, S. 100, S. 111, S. 112, S. 117, S. 119, S. 124, S. 126, S. 130, S. 140, S. 146, S. 151, S. 153, S. 155; Peter von Felbert, Anne Eickenberg: S. 10 unten, S. 12, S. 44.

Titelbildrezept:

Reispuffer mit Pfannengemüse von Seite 91

Programmleitung: Doris Birk
Leitende Redakteurin: Birgit Rademacker
Konzept, Texte und Redaktion: Dagmar Reichel, Birgit Rademacker
Lektorat: Cora Wetzstein
Korrektorat: Adelheid Schmidt-Thomé
Layout, Typographie und Umschlaggestaltung: independent Medien-Design, München
Herstellung: Markus Plötz
Satz: Uhl+Massopust GmbH, Aalen
Reproduktion: Repro Ludwig, Zell am See
Druck und Bindung: Firmengruppe APPL, Wemding

ISBN 978-3-8338-1261-3

1. Auflage 2008

GRÄFE UND UNZER
Ein Unternehmen der
GANSKE VERLAGSGRUPPE

Wir sind für Sie da!
Montag – Donnerstag: 8.00 – 18.00 Uhr;
Freitag: 8.00 – 16.00 Uhr
Tel.: 0180-5005054*
Fax: 0180-5012054*
E-Mail:
leserservice@graefe-und-unzer.de

*(0,14 €/Min. aus dem dt. Festnetz/ Mobilfunkpreise können abweichen.)

GRÄFE UND UNZER VERLAG
Leserservice
Postfach 86 03 13
81630 München